MARIE VON
MALLWITZ

KATHARINA
HOFER-SCHILLEN

DIE
MAMI
CHALLENGE

Inspiration und Selbstcoaching
für berufstätige Mütter und die,
die es werden wollen.

MARIE VON
MALLWITZ

Informationen zum Verlag und seinem Programm unter:

www.marie-von-mallwitz-verlag.de

Originalausgabe Oktober 2016

Marie von Mallwitz Verlag

© 2016 Katharina Hofer-Schillen

© 2016 Marie von Mallwitz Verlag

Bildrechte: Andreas Schuller

Covergestaltung und Layout: www.reisserdesign.de

ISBN 978-3-946297-01-7

Printed in Europe

INHALT

VORWORT

DANA SCHWEIGER

Als ich vor mehr als 20 Jahren von Amerika nach Deutschland kam, war alles neu für mich: das Land, die Kultur, die Sprache, die Menschen. Ich musste komplett bei null anfangen und mir ein passendes Umfeld schaffen. Als ich mit meinem dritten Kind Lilli Camille schwanger war, entwickelte ich gemeinsam mit meiner Freundin Ursula Karven das Label Bellybutton aus einer simplen Idee heraus. Auf einer Art Wunschliste stellten wir Produkte zusammen, Dinge, die es damals noch nicht auf dem Markt gab. Gar nicht vordergründig, um damit viel Geld zu verdienen, sondern um Schönes zu schaffen für Mamis und Kinder. Aus einer kleinen Vision wurde ein großes Business. Aber bis die komplette Infrastruktur stand, dauerte es sehr, sehr lange. Hier muss man **Ausdauer aus Überzeugung** beweisen. Das war für mich schon eine große Herausforderung, aber auch ein fester Halt. Ich wollte mein eigenes Ding und mich unabhängig machen. Das ist mir gelungen und darauf bin ich sehr stolz. Bis heute sind wir, die Gründerinnen, ein tolles Freundinnen- und Businessteam mit insgesamt 16 Kindern.

Als Vollblutmutter von vier Kindern weiß ich, was es heißt, alles unter einen Hut zu bringen: Haushalt, Schularbeiten, Taxiservice und so vieles mehr. Neben meinem Job verbringe ich die meiste Zeit mit meiner Familie. Aus diesem Grund ist es auch so wichtig, **dein Arbeitsleben an den Alltag** anzupassen und **flexibel** zu sein. Du musst nicht perfekt sein, um Erfolg zu haben. Sei **authentisch und gelassen**. So arbeite ich beispielsweise sehr viel im Auto, während ich auf die Kids warte. „Zeitmanagement" steht an allererster Stelle. Hier kann ich dir nur raten, eine Prioritätenliste anzulegen. Ich mache das über mein Smartphone. Alle Termine und To-dos – ob im Job oder privat – übersichtlich gespeichert. Da kommt einiges zusammen. Bei vier Kindern, wie bei mir, heißt das alles mal vier. Glaube mir, ohne einen strukturierten Ablauf hast du nur Chaos! Wir Mamis haben so vieles zu managen. Aber vergiss dabei nie dich selbst. Baue dir unbedingt ein **gutes Netzwerk** auf. Freunde, Babysitter, Omas, andere Mamis, Vereine ... Nur so schaffst du dir die nötigen **Zeitfenster für dein Business** und für dich selbst.

In diesem Buch findest du dazu zahlreiche Coachingtools und wertvolle Tipps, verbunden mit tollen Geschichten, die inspirieren, Mut machen und dich dabei unterstützen, dir den Alltag zu erleichtern und deinen Weg zu gehen. Du hast dann Erfolg, wenn du das, was du machst, aus **Überzeugung und mit Herz** tust. Dazu gehört auch Schwächen zuzulassen und laut zu schreien, wenn du Hilfe brauchst. Deine Wegbegleiter, denen du vertraust: die Familie und beste Freundinnen, stehen dir bei. Sie helfen dir, wieder aufzustehen und weiterzugehen. Meine Maxime ist: Wir Frauen müssen zusammenhalten und uns gegenseitig unterstützen. Mit den Worten von Beyoncé: „Who rules the world? Girls!" Und auch wenn es mal nicht so gut läuft: **Come on – bleib dran!**

10 steps to becoming an easy-going business family
by Dana Schweiger

1. Glaube an dich und deine Stärken!
2. Bringe Geduld und Ausdauer mit!
3. Integriere den Alltag ins Arbeitsleben!
4. Arbeite flexibel!
5. Zeitmanagement ist das Erfolgsrezept: „Prioritätenliste"
6. Baue dir ein gutes Netzwerk auf!
7. Nimm dir bewusst deine Auszeiten!
8. Suche dir passende Wegbegleiter, die dir zur Seite stehen!
9. Sei authentisch und mit dem Herzen dabei!
10. Bleibe dran, auch in schwierigen Phasen!

HALLO UND HERZLICH WILLKOMMEN

Mein Name ist Katharina und ich freue mich sehr, dass Sie dieses Buch in den Händen halten. Dieses Buch richtet sich an Mamis, die offen sind für Neues, die neugierig sind, die sich wieder mehr spüren wollen und sich bewusst Zeit für schöne Momente schaffen möchten, die eine erfüllende Aufgabe im Leben suchen oder nach einer Babypause wieder in den Beruf einsteigen wollen und dafür neue Strukturen im Alltag brauchen.

Dieses Buch inspiriert, gibt wertvolle Tipps und Anleitungen, Wünsche nach Veränderung bewusst wahrzunehmen, zu konkretisieren und umzusetzen. Diese Impulse von außen sind so wichtig. Sie lenken die Gedanken in andere Richtungen und führen zu oft überraschenden Lösungsansätzen. Es ist erschreckend, wie groß unsere Potenziale sind und wie wenig wir davon ausschöpfen.

Außerdem sollten wir uns jeden Tag selbst Gutes tun. Denn wenn nicht wir, wer dann? Das Leben kann wunderbar sein und selbst schwierige Zeiten sind einfacher zu bewältigen, wenn man das Prinzip des Wohlfühlens gut geübt hat und hilfreiche Tools kennt, die den Alltag, vor allem mit Kindern, leichter machen. Dabei möchte ich Ihnen mit meinen Lösungsansätzen helfen.

Im Übrigen werde ich Sie, liebe Leserin, ab sofort duzen, denn ab jetzt lasse ich dich an meinem Leben teilhaben. Dabei begleite ich dich ein Stück auf deinem Weg – bei deiner Mami-Challenge. Ich wünsche dir viel Freude und Inspiration mit diesem Buch!

Herzliche Grüße, Deine Katharina

PS: Als Ergänzung zu meinem Buch gibt es bewährte Tools, zahlreiche Arbeitsblätter und Checklisten, die du bitte direkt auf meiner Website unter www.katharinahoferschillen.com herunterlädst. Im Textverlauf verweise ich dann immer wieder auf das entsprechende Dokument als Unterstützung für die jeweilige Übung.

Jetzt wünsche ich dir viel Freude beim Weiterlesen!

Wie dieses Buch funktioniert und wie du daraus den größten Nutzen ziehst? Ganz einfach: Bitte gehe gleich auf meine Homepage unter www.katharinahoferschillen.com und lade dir alle Arbeitsblätter gratis herunter. Im Text verweise ich dann auf den Einsatz der entsprechenden Blätter.

Viele der Inhalte, die ich dir weitergeben möchte, vermittle ich über meine eigenen Geschichten, die sich in meinem direkten Umfeld abgespielt haben oder die ich im Laufe meiner Arbeit als Coach gehört und mitbekommen habe. Es sind nicht immer Mutter-Kinder-Geschichten, sie lassen sich aber gut ableiten auf ähnliche Situationen. Weil die Erzählungen authentisch und echt sind, wirst du dich öfter angesprochen fühlen. Sie sollen dich ermutigen und dazu einladen, deine Sichtweise aus einem anderen, neuen Blickwinkel zu sehen. Sie sind bewusst ausgewählt und aus jeder Geschichte wirst du etwas für dich mitnehmen.

Wenn du das Buch immer bei dir trägst, kannst du zu jeder Zeit und an jedem Ort alles, was dir gerade einfällt, auf den entsprechenden Leerseiten am Schluss festhalten. Deine spontanen Gedanken und Ideen gehen dann nicht verloren. Die meisten Lösungen sind so nah. Man muss sie nur erkennen und danach greifen. Deshalb sind in den Kapiteln immer wieder Übungsteile eingebaut. Wende diejenigen an, die zu deiner Situation passen und überlege dir, welche Schritte notwendig sind, um an das Ziel zu kommen. Nimm dazu den einen oder anderen wertvollen Alltagstipp von mir mit und stelle dir dein eigenes Basispaket für die Zukunft zusammen!

MEINE GESCHICHTE

Mit 35 Jahren bekam ich das erste Kind, mit 36 Jahren das zweite. Mein Mann heißt Norbert und wir leben in Österreich (Kärnten). Unser altes Landhaus haben wir aufwendig renoviert. Ein Ferienappartement gilt es zu vermieten. Täglich kümmere ich mich um unsere Kleintiere (Hühner, Bienen und Katze). Ich leite erfolgreich eine PR-Agentur. Nebenbei bin ich ehrenamtlich tätig für einen international gemeinnützigen Verein (Soroptimist Club) und als Bezirksvorsitzende von *Frau in der Wirtschaft*. Meine Kinder kommen nach der Schule nach Hause, ab diesem Moment bin ich Vollzeitmami, was mir ganz besonders wichtig ist.

Wie das funktioniert bei einem 24-Stunden-Tag, mit Freude und Gelassenheit einen vollgepackten Alltag zu bewältigen? Das zeige ich dir hier mit diesem Buch. Aber beginnen wir von Anfang an.

ICH LEBE, WAS ICH BIN UND WIE ICH BIN

Geboren und aufgewachsen bin ich in Freiburg im Breisgau. Als Kind war ich schon immer sehr neugierig. Ich konnte mich schnell für Dinge begeistern, war kreativ und ideenreich. Mit fünf Jahren sprang ich von einer hohen Garage, weil ich dachte, ich könnte wie Pippi Langstrumpf fliegen. Mit sechs Jahren versuchte ich, den Zirkusdirektor bei einem persönlichen Gespräch davon zu überzeugen, dass er mich unbedingt in der Manege braucht. Mein erstes Buch schrieb ich mit zehn. Also an nötigem Selbstbewusstsein, an Mut und Zielstrebigkeit hat es mir nie gemangelt. Auch hatte ich stets ein gutes Gespür für Menschen und die Begabung – oder mag es vorhandene Sensibilität sein –, wichtige Entscheidungen aus dem Bauch heraus zu treffen, wie es dann in meinem späteren Leben oft der Fall war. Bis heute ist es so, dass ich zum richtigen Moment Kurskorrekturen einlege, die mich meinem Ziel näherbringen.

Ich bin ein gutes Beispiel dafür, dass man kein abgeschlossenes Studium braucht, um beruflich erfolgreich zu sein. Nach dem Abitur ging es zunächst in die weite Welt, dann folgte eine solide Ausbildung im Steuerfachwesen mit anschließendem Studium der Volkswirtschaft. Wohl eher, da viele meiner Freunde diesen Zweig wählten. Nach vier Semestern Frustration entschied ich mich, das Studium abzubrechen und bei einem Unternehmensberater zu arbeiten. Dort wurde ich nach kurzer Zeit die Assistentin der Geschäftsführung mit eigenem Firmenwagen. An mehr als 45 Wochenenden im Jahr war ich nonstop unterwegs und in den besten Hotels untergebracht. Mein damaliger Vorgesetzter war Top-Speaker für Ärzte und war zu entsprechend üppigen Honoraren das ganze Jahr über ausgebucht. Nachdem ich eines Tages aufwachte und im ersten Moment nicht mehr wusste, in welcher Stadt ich war, kündigte ich kurzerhand und bekam nach Ablauf meiner Kündigungsfrist über gute Freunde eine Anstellung bei einem großen Radiosender im Bereich Promotion. Wobei ich dazusagen muss, dass ich für diesen Sender bereits als Schülerin gejobbt hatte. Große Events wurden ausgerichtet und mein damaliger Chef entdeckte mein Potenzial im Umgang mit den Promis, der Presse und mein Organisationstalent. So wechselte ich den Wohnort von Freiburg nach Mannheim, dort war die Hauptzentrale, und managte von da an alle presserelevanten Veranstaltungen mit einem tollen, unterstützenden Team. Für viele meiner Freundinnen war das der Traumjob schlechthin. Dann bekam ich ein unfassbar gutes Angebot vom Sparkassenverlag, einem Kunden, der damals bei unseren Events der Hauptsponsor war. Ich nahm an. Meine Aufgabe bestand darin, einen Kundenclub für junge Erwachsene auf die Beine zu stellen. Damals sprießten die Serviceclubs wie Pilze aus dem Boden. Mit einem Schlag hatte ich zehn Mitarbeiter unter meiner Leitung, im Alter von gerade einmal 25 Jahren. Soziale Kompetenz und Durchsetzungsvermögen setzte man voraus. Meine zielgruppenorientierten Marketingkonzepte wurden deutschlandweit in beinahe allen Sparkassenfilialen umgesetzt.

Bei 80 Prozent der Meetings war ich die einzige weibliche Person am Tisch und die einzige Frau unter 50. Verdient habe ich sehr gut. Alles lief nach Plan. Und dann kam eine ungewollte Veränderung: Nach einer sehr schmerzlichen Trennung meinerseits von meinem Langzeitpartner war ein Tapetenwechsel angesagt. Ich brauchte wieder eine Kehrtwende in meinem Leben. Etwas Neues wollte ich schaffen, das Leben neu aufsetzen. Also stellte sich die Frage: „Was tun?" Ich war auf mich allein gestellt. Hatte nur für mich zu sorgen, das vereinfachte einiges. Es bedurfte eines neuen Jobs und einer neuen Stadt. Kurzerhand schrieb ich eine Blindbewerbung an ProSieben in München. München hatte mir immer schon gut gefallen und beim Fernsehen zu arbeiten war auch mein Traum. Das Vorstellungsgespräch folgte kurzerhand und die Zusage dann auch. Mehr als drei Jahre war ich dort als Pressesprecherin tätig. Schickes Auto, tolle Wohnung, tolle Leute, Bambi-Verleihung, Deutscher Filmpreis, Promis, Small Talk, ein Kleiderschrank voll mit Ballkleidern. Das Gesamtpaket war perfekt. So war der Schein nach außen. In mir drin sah es aber anders aus. Die Gedanken kreisten nachts in meinem Kopf. Ich war an dem Punkt angekommen, an dem ich mir die Frage stellte, wie es die nächsten 20 bis 30 Jahre wohl weitergeht. Je mehr ich reflektierte und danach fragte, was ich wirklich, wirklich wollte im Leben, von ganzem Herzen, desto klarer wurde meine Vorstellung von der Zukunft. Mit 32 Jahren und ziemlich übersättigt von dem ganzen oberflächlichen Getue wünschte ich mir sehnlichst, einem Mann zu begegnen, der mich „auf einem Schimmel aus meinem Schlosstürmchen befreite". Ich hatte einige Dates, aber sobald ich merkte, dass das nicht passte, habe ich es gelassen. Wieso Zeit verlieren? Meine Zielausrichtung war klar definiert.

Und dann kam er. Und zwar auf dem Oktoberfest in München. Ich im Dirndl und er in Lederhosen.

Bis dato erfolgreiche PR-Lady trifft bodenständigen Berg- und Landmenschen. Mir war schnell klar, den lass ich nicht mehr von der Angel. Nach knapp eineinhalb Jahren Fernbeziehung zog ich von München in die Berge, ohne das Zusammenleben im Alltag vorher erprobt zu haben. Meine Traumwohnung, meinen vermeintlichen Traumjob und meinen Freundeskreis ließ ich hinter mir. Mit Sack und Pack und vollem LKW fuhr ich nachts um halb eins über die Windische Höhe nach Hermagor. „Wenn es nicht gut geht, packe ich halt meine sieben Sachen wieder ein", dachte ich mir damals. Mit diesem Worst-Case-Szenario konnte ich leben.

Mein persönlicher Masterplan sah im Jahr 2002 wie folgt aus:

Ist-Zustand: Ich habe keine Kinder, bin also zeitlich unabhängig. Meine Arbeit kann ich von jedem Ort dieser Welt machen. Ich brauche nur Internet, Telefon, E-Mail und meine Pressekontakte. Das alles hatte ich. Was waren meine Schritte?

· Ich machte mich selbstständig und dachte mir einen Firmennamen inklusive Logo aus.

· Meinen alten Chef bei ProSieben konnte ich davon überzeugen, dass ich PR-Arbeit auch von Österreich aus machen konnte und er meine Stelle nicht neu besetzen musste. Er hatte sich darauf eingelassen, dass ich projektbezogen auf selbstständiger Basis weiterarbeitete. Somit waren meine ersten Einnahmen gesichert. Damals gab es von Klagenfurt nach Berlin und Köln optimale Flugverbindungen. In München war ich mit dem Auto in dreieinhalb Stunden.

- Ich mietete mir ein Büro an. Es lag mitten in der Stadt, war allerdings viel zu groß für mich allein. Aus diesem Grund holte ich mir einige Künstler aus der Region ins Büro, die sich einen repräsentativen Ausstellungsraum im Zentrum allein nicht leisten konnten. Bei mir bekamen sie eine perfekte Plattform. Ich nannte mein Büro „Die Galerie". Es fanden schöne Vernissagen statt und ich hatte Laufpublikum. So wurden dann auch die ersten Kunden vor Ort auf mich aufmerksam. Später mietete sich noch ein Werbefachmann bei mir ein und alles nahm seinen Lauf. Wir hatten allesamt eine gute Zeit. Das Konzept ging auf.

<u>Soll-Zustand</u>: Ich hatte also nicht nur ein wunderschönes Büro und erste Anfragen, ich hatte auch ein kreatives soziales Umfeld und zahlte nur einen geringen Teil der Gesamtmiete. Außerdem war die Stadt um eine Kulturstätte reicher. Die Galerie war recht beliebt, auch bei den Touristen. Als PR-Beraterin fand ich hier in Kärnten eine Nische.

DER HEIRATSANTRAG LÄSST AUF SICH WARTEN

Ich bin nicht der Typ, der sein Leben zehn Jahre im Voraus plant. Das geht auch gar nicht. Aber eine gewisse Vorausschau ist schon wichtig, vor allem, wenn man ein klares Ziel vor Augen hat. Etwas altmodisch bin ich, verbunden mit klaren Wertvorstellungen. Ganz klischeehaft: Heiraten, Haus, Kinder (*Ziele*). Mit meinem Umzug nach Kärnten und dem Aufbau meines Unternehmens stellt sich dann auch in logischer Konsequenz für mich die Frage, wann denn nun endlich der lang ersehnte Heiratsantrag käme. Denn mein Ziel, wie zu Anfang beschrieben, war nicht einen „Lebensabschnittsgefährten" zu haben, sondern ich wollte heiraten! Es kam aber nichts. Länger warten wollte ich auch nicht. „Dann nehme ich die Dinge halt selbst in die Hand." Also nicht, dass ich den Antrag machte. Nein, wie gesagt, hier bin ich altmodisch.

Das ist schon Männersache. Ich legte mir einen geschickten Plan zurecht. So schenkte ich meinem Schatz eine Wochenendreise nach Rom. Noch romantischer ging es nicht und wenn es ihm hier nicht in den Sinn kam, dann wohl nie. Die Hochzeit sollte auf jeden Fall im Sommer stattfinden (*Zeitplan*) und es gab genau eine Location, die für mich in der Nähe unseres Wohnortes infrage kam: Schloss Wasserleonburg in Nötsch. Sehr beliebt, sehr ausgebucht. Zur Sicherheit reservierte ich auf Option zwei Wochenenden im August. Wohlgemerkt, wusste das nur ich (*Umsetzung*). Die Blöße, eine Location zu reservieren ohne Heiratsantrag, wollte ich mir natürlich nicht geben. Rom kam, der Heiratsantrag auch (*Etappenziel*). Beim Abendessen erstellten wir euphorisch bereits eine Gästeliste und ich warf die Idee in den Raum, dass ich schon eine Wunschlocation im Auge hätte (*Umsetzung*). Beim Heimfahren vom Flughafen aus meinte mein Noch-nicht-Ehemann, wir könnten uns das Schloss doch einmal anschauen, da wir eh daran vorbei fahren. Oh weh, wie konnte ich jetzt aus der Nummer unbeschadet rauskommen? Mir wurde ungut. Aber nein sagen konnte ich auch nicht. War ja schließlich meine Idee, dort das Fest zu arrangieren. So wie wir dort ankamen, empfing uns der Schlossherr mit offenen Armen: „Und, Frau Schillen? Welches Wochenende nehmen wir denn jetzt?" Mein Norbert sagte keinen Ton, als ob er eingeweiht gewesen wäre. Auf der Heimfahrt meinte er dann schmunzelnd: „Das hätte ich mir denken können, dass du vorab schon alles geregelt hast." Bis heute ist das in gesellschaftlicher Runde immer noch einen Lacher wert.

Es war im Übrigen eine geniale Hochzeit! (*Endziel*) Mein Jetzt-Mann behauptet von sich, „der beste Ehemann der Welt" zu sein und ja, ich würde ihn nach 14 Jahren Ehe jeden Tag wieder heiraten. Unsere Wunschkinder folgten bilderbuchmäßig und tun ihr Übriges zu unserem Glück. Gesundheitliche Tiefen haben uns noch mehr zusammengeschweißt. Meine Kinder schwimmen im Sommer in einem der reinsten Seen Europas (dem Pressegger See), wo das Wasser Trinkqualität hat.

Und im Winter sind wir die meiste Zeit auf der Skipiste auf dem beliebten Nassfeld. Wir leben dort, wo andere Urlaub machen und viel Geld dafür bezahlen.

Die Quintessenz dieser Geschichte ist, dass es verschiedene Wege gibt, sein Ziel zu erreichen. Die können auch gerne, wie in diesem Fall, eher unkonventionell sein. Ideenreichtum kann viel bewirken!

KAPITEL I

GRUNDLAGEN FÜR EIN ERFÜLLTERES LEBEN

WER BRAUCHT EINEN COACH?

Manchmal braucht man zur Lösung eines Problems eine außenstehende Person. Zum Beispiel einen Coach, so wie ich es bin. Ich habe mich in meinen Seminaren auf die Zielgruppen Frauen und Mütter spezialisiert, die offen sind für Neues und interessiert an Veränderung und Weiterentwicklung. Das ist meine Berufung und mein Business, weil ich mich absolut mit diesen Frauen identifiziere, da ich selbst als Mutter und als Unternehmerin unterwegs bin und ich genau weiß, wo die Defizite sind und der Schuh drückt.

Große Persönlichkeiten aus Wirtschaft und Politik oder auch Schauspieler und allgemein Menschen, die in der Öffentlichkeit stehen, haben meist einen Coach, der sie beständig begleitet. Auch Unternehmer holen sich immer mehr Coaches ins Haus, um die Zusammenarbeit der Mitarbeiter und innerbetriebliche Abläufe zu optimieren. Aber auch bei anderen Problemen im Arbeitsleben oder beim Jobwechsel kann ein Coaching hilfreich sein.

Manche Menschen haben zwar ein klares Ziel vor Augen, wissen aber nicht, wie sie es umsetzen können. Oder sie stehen vor der Frage, ob sie ihre alten Träume verwirklichen können oder doch aufgeben müssen, vielleicht sogar ihre Werte überdenken oder einen neuen Sinn in ihrem Leben finden sollten. Andere haben mit Konflikten aller Art zu kämpfen – mit der Familie, dem Partner, Freunden oder Kollegen – oder sind mit der oft genannten Work-Life-Balance überfordert. All das kann in einem Coaching bearbeitet werden.

Außerdem ändern sich die Probleme, die man zu bewältigen hat, je nachdem, in welchem Lebensabschnitt man sich befindet. In der Kindheit und Jugend ist noch alles auf Neugierde programmiert. Nach dem Schulabschluss kommt dann die Ausbildungszeit in Lehre oder Studium. Die ersten Berufserfahrungen folgen, auch erste feste Beziehungen. Im Alter zwischen 20 und 40 zeigt sich meistens, wer eine Familie gründet, Karriere macht, ein Haus baut. Zwischen 40 und 50 sind Haus, Familie und Job fester Bestandteil des Lebens und in den Tagesablauf integriert. Die Bedürfnisse ändern sich.

Nicht ohne Grund gibt es zahlreiche Produkte für reifere Frauen, denn ab 40, bei einigen auch früher, beginnt man zu reflektieren. Sich über Dinge Gedanken zu machen, die sich auf einmal aufdrängen, die einem früher nicht wichtig waren. Man blickt nach vorne, zurück, Lebenssituationen ändern sich. Die Kinder brauchen einen nicht mehr so wie früher. In der Ehe ist man nach der langen Zeit auch nicht mehr auf Rosen gebettet. Oder sie wird sogar geschieden. Der Freundeskreis spaltet sich auf.

Die Kinder sind aus dem Haus, der Tagesablauf ist nicht mehr fremdbestimmt, aber diese Freiheit ist manchmal nur eine scheinbare. Man fühlt sich allein. Auch beruflich tritt man auf der Stelle oder schafft den Wiedereinstieg nicht mehr, weil man lange Zeit der Kinder wegen nicht mehr gearbeitet hat. Man dreht sich im Kreis. Unzufriedenheit stellt sich ein. Man möchte etwas ändern, aber die Komfortzone ist noch zu groß, die Not zu klein.

Es gibt vermeintlich viele Gründe, eine Veränderung nicht herbeizuführen, weil man schlichtweg Angst davor oder schlechte Erfahrungen gemacht hat. Manchmal liegt es auch an mangelndem Selbstvertrauen oder fehlenden Vorbildern, nicht zu vergessen Stress, Bequemlichkeit und Resignation. Aber was es auch sei, man kann daran arbeiten. Am besten mit der Hilfe eines Coaches.

WELCHER COACH PASST ZU MIR?

Wie findest du den richtigen Menschen, der dich begleiten soll? Frage Freunde oder Vorbilder nach ihren Empfehlungen. Anschließend kannst du im Internet recherchieren und sehen, ob dich eventuell eine Website anspricht. Beim Kennenlerngespräch, das meist unverbindlich ist, spürst du dann sofort, ob der Funke tatsächlich überspringt.

Wenn du das Vertrauen zu mir hast, würde ich mich natürlich freuen. Ich biete Gruppenseminare an und für diejenigen, die keine Zeit haben, auch Webinare (alle Termine findest du auf meiner Homepage unter www.katharinahoferschillen.com). Solltest du dich dafür interessieren, dann schreibe mir.

Ein professioneller Coach ist neutral und arbeitet strategisch lösungsorientiert. Du bekommst keine Ratschläge, sondern wirst dabei unterstützt, deine eigenen Lösungen zu finden. Wenn du den passenden Coach für dich gefunden hast, kann das für dich wie ein Sechser im Lotto sein. Relativ schnell wirst du dann bemerken, dass eine spürbare

Veränderung stattfindet und dein Leben sich positiv wandelt. Auch eine beste Freundin kann ein guter Coach sein. Auf anderer, sehr privater Ebene. Sie steht mit Rat und Tat zur Seite, bestenfalls ein Leben lang. Wobei das leider oft auch kontraproduktiv sein kann, da genau die Menschen, die einem am nächsten stehen und die einen am meisten lieben, oft die eigentlichen „Ausbremser" sind. Weder die Eltern noch enge Freunde sehen es gerne, wenn der geliebte Mensch zum Beispiel für eine Weile ins Ausland gehen möchte und dafür einen „sicheren" Job aufgeben müsste. Beliebte Sätze der älteren Generation beziehungsweise derer, die meist selbst sehr unzufrieden sind, weil sie sich schon lange im Hamsterrad bewegen, sind in solchen Fällen: „So einen Arbeitsplatz bekommst du nie mehr. Warum gehst du das Risiko ein?"

Wie meine Mentorin Monika Scheddin, Top-Speakerin, Coach und Bestsellerautorin sagt: „Erzähl nur Menschen, die mit dir auf gleicher Wellenlänge sind, von deinen Träumen, denn alle anderen werden dich in deine vermeintlichen Schranken weisen, weil sie skeptisch sind." Ähnlich verhält es sich mit dem sogenannten Krabbenkorbphänomen: Wenn man lebende Krabben in einem Korb sammelt, könnten sie alle problemlos aus dem Korb krabbeln. Da aber jede die erste sein will, ziehen sie sich immer wieder gegenseitig zurück, sodass keine hinauskommt – und schließlich landen alle gemeinsam im Kochtopf. Achte also darauf, dich nicht mit den falschen Ratgebern zu umgeben.

Bei den Gruppenseminaren kommen meine liebsten Coachingtools zum Einsatz, die ich in diesem Buch vorstelle, verbunden mit inspirierenden Lebensgeschichten. Die Selbstmanagementmethoden sind einfach anzuwenden, dienen der Selbstreflexion und sind die optimalen Lösungsfinder. Du wirst sehen, es macht Spaß, mit diesen Instrumenten zu arbeiten. Du wirst einiges über dich erfahren, das verspreche ich dir!

DIE LEBENSSÄULEN

Mein Leben steht auf vier Hauptsäulen: Familie, Gesundheit, Beruf und soziale Kontakte. Wenn eine Säule wackelt, können drei noch gut ausgleichen. Wackeln zwei Säulen, dann wird es kritisch. Dann heißt es, das Gleichgewicht wiederherzustellen.

FAMILIE   GESUNDHEIT   BERUF   SOZIALE KONTAKTE

WIE RUND LÄUFT DEIN LEBEN?

Wir beginnen jetzt mit der ersten Übung in diesem Buch, dem Wohlfühlrad. Ich praktiziere dieses Tool alle drei Monate und liebe es. Es zeigt dir in Kürze auf, in welchen Lebensbereichen Veränderung für dich wichtig ist. Wenn du die gratis Arbeitsblätter noch nicht heruntergeladen hast, dann mache das bitte jetzt unter www.katharinahoferschillen.com. Sie sind wichtige Instrumente zur Umsetzung aller Abfragen. Das Arbeitsblatt zu diesem Tool trägt den Namen „Wohlfühlrad".

Arbeitsblatt „Wohlfühlrad"

Oder male einen großen Kreis auf ein Blatt Papier und lege so viele Tortenstücke an, wie du Lebensbereiche hast. Welche Lebensbereiche teilst du dir zu? In meinem Fall sind das neun Felder, die jeweils als Titel tragen: Eltern und Geschwister – Partnerschaft – Kinder – soziales Umfeld – Job – Sport und Fitness – Wohltätigkeit – ICH (Freizeit) – finanzielle Zufriedenheit.

Jetzt schaue dir den Kreis, jeden einzelnen Bereich, an und reflektiere für dich. Wie fühlt sich das Thema „Kinder" an? Zu wieviel Prozent fühlst du dich damit gut oder schlecht? Zufrieden, harmonisch, ungut, gestresst? Wenn du zum Beispiel bei „Sport und Fitness" das ganze Feld ausmalst, dann bist du hier mit dir absolut zufrieden (gefühlte 100 Prozent). Fehlt dir ein Partner und es geht dir noch gut dabei, aber langfristig wünschst du dir jemanden an deiner Seite, dann trage 80 Prozent ein und so weiter. Würde das Rad, der Kreis, bei allen Lebensthemen voll ausgefüllt sein, ist dein Leben rund und perfekt. Anhand dieser Skizze siehst du ganz genau, wo die Themen liegen, die du angehen solltest, welche Bereiche zu ändern sind. Mit dem Ziel, in drei Monaten (oder auch nur vier Wochen – es ist nur wichtig, sich einen Zeitrahmen zu setzen) das Rad zu vervollständigen. Aber bearbeite nicht alle Felder auf einmal, sondern mache es „Step-by-Step", in kleinen Schritten. Überfordere dich nicht und überlege: Was lässt sich schnell und einfach verbessern, damit du zu mehr Zufriedenheit gelangst? Und wenn die Zeit, die du dir für die Veränderung gesetzt hast, um ist, reflektiere: Wie gleichmäßig ist das Rad jetzt? Diese Übung lässt sich leicht und schnell immer wieder wiederholen. Bewahre die ausgearbeiteten Blätter über das Jahr auf und vergleiche deine Erfolge!

Aber vergiss nicht: Auch Scheitern gehört dazu. Gib trotzdem nicht auf! Bis man stabil ist, braucht es seine Zeit. Mache immer wieder neue Anläufe. Die wenigsten schaffen es, gleich beim ersten Mal ihren Plan konsequent durchzuziehen. Es geht eben nicht alles von heute auf morgen.

„Das Leben birgt unterwartete Chancen.
Jeder Tag hat seine eigenen Überraschungen.
Jede Tür öffnet neue Möglichkeiten"

KAPITEL 2

ERKENNE DEIN POTENZIAL

Die Idee, dass das Leben in diesem Augenblick zwar gut ist, aber in absehbarer Zeit noch besser sein könnte, begleitet sehr viele. Jeder Mensch hat ungenutzte Potenziale, Talente, Visionen und Träume. Vor allem bei Müttern, die sich den ganzen Tag am Herd degradiert fühlen oder mit dem Kopf in der Waschmaschine stecken, haben diese Gedanken ihre klare Berechtigung. Aber sie stehen sich mit ihren Wünschen, Hoffnungen und Zielen gerne oft selbst im Weg. Wohl verbunden mit einem unbewusst schlechten Gewissen oder schlichtweg aufgrund mangelnder Zeit. Diese Komponenten sind dann der Grund, sich nicht zu trauen, ins kalte Wasser zu springen und neue Wege einzuschlagen. Die Folge: Frustration stellt sich ein.

MUT ZU ENTSCHEIDUNGEN

Es gibt viele Gründe, Dinge nicht zu tun. Änderungen nicht herbeizuführen oder nicht zuzulassen. Eine großartige Geschäftsidee im Raum stehen und eine Vision verkümmern zu lassen. Ich sage dir: handle! Du kannst jetzt in dieser Sekunde entscheiden, wer du sein willst, wohin du gehen und ob du dein Leben ändern willst. Und damit womöglich auch das Leben anderer. Lerne, Entscheidungen zu treffen – weil du es kannst!

Was kann im schlimmsten Fall passieren? Stelle dir diese Frage, und wenn du die darauf womöglich eintretende Situation gedanklich aushalten kannst, dann steht dir nichts mehr im Wege. Go!

„Durch Offenheit und Interesse

eröffnen sich die Wunder des Lebens"

WECKE DEINE TALENTE

Es gibt einige Frauen in meinem Umfeld, die gerne wieder arbeiten würden oder in ihren alten Beruf zurückkehren möchten. Meist machen sie allerdings die bittere Erfahrung, dass die ehemalige Position nach der Elternzeit bereits vergeben ist und man sie ins Hinterzimmer abschiebt. Aber Hauptsache, das Gehalt ist sicher und man ist wieder unter Erwachsenen, nicht mehr „nur" Hausfrau. Das tut dem Selbstbewusstsein gut und auch den Kindern, sofern man nicht bis spät abends von den Kleinen getrennt ist. Das ist keine optimale Lösung, aber immer individuell zu betrachten.

Denn viele haben keine Wahl, wenn sie nicht eigene Ideen haben und der Mut fehlt, etwas ganz anderes zu machen. Es gibt viele Mütter, die etwas dazuverdienen möchten und sich ihre Arbeitszeit flexibel einteilen wollen. Teilzeitjobs in einer Boutique oder Bücherei, als Übersetzerin oder Journalistin auf freier Basis. Es gibt zahlreiche Möglichkeiten. Frage dich, was dir eigentlich Spaß macht. Auch ein Fernstudium kann interessant sein. Lass deiner Fantasie freien Lauf. Bist du gerne unter Menschen, bist du schreibbegabt, kreativ, wo hast du besondere Talente und was gibt es auf dem Markt, wo du hineinpassen würdest? Es gibt zum Beispiel Unternehmen, die auf den Vertrieb von handwerklich hergestellten Dingen, meist von Frauen, spezialisiert sind und einen sensationellen Onlineshop haben. Dank solcher Unternehmen können sich viele Frauen, vor allem Mütter, selbst verwirklichen und darüber hinaus noch etwas dazuverdienen.

Einige Frauen in meinem Umfeld sind auch als Kosmetikrepräsentantinnen für RINGANA unterwegs. Für mich persönlich ein absolutes Vorzeigeunternehmen. Es hat gerade erst den Klimaschutzpreis gewonnen. Sagenhafte Kosmetikprodukte für Groß und Klein, absolut ohne Konservierungsstoffe. Die Produkte sind nicht im Handel zu kaufen, nur über Direktvertrieb. Aber das ist absolut legitim. Statt viel Geld in Werbung zu stecken, arbeitet das Unternehmen mit Menschen, die das Produkt toll finden und weiterempfehlen. Ich bin da auch immer sehr vorsichtig und denke gleich an sektenartige Gruppierungen. Nein, in diesem Fall wirklich großartig. Generell sind Pflegeprodukte ein heikles Thema. Mit welchen Badeölen oder Cremes soll ich mich und meine Kinder pflegen? Es gibt kein Produkt zu kaufen, in dem nicht Hormonstoffe enthalten sind oder für das Tierversuche gemacht werden. Ein Tipp: Schau mal unter www.kosmetikanalyse.de nach und gib die Namen der Pflegeprodukte ein, die du zu Hause verwendest. Du wirst erstaunt sein und erschrecken, was da so alles drinnen ist.

Wenn du also wieder arbeiten möchtest, aber nicht in deinen alten Job zurückkehren kannst oder willst, ist Selbstreflexion gefragt: Überlege dir, was dich interessiert und welche Möglichkeiten du hast (Arbeitszeiten, Ausbildung, Equipment etc.), wer in deinem Netzwerk dir weiterhelfen könnte und recherchiere – im Internet, im Bekanntenkreis sowie bei Arbeitsamt, Arbeiterkammer und diversen Weiterbildungsinstituten. Tipps gibt es auch auf meiner Website unter www.katharinahoferschillen.com. Wenn du selbst Vorschläge hast, dann schreibe mir an info@katharinahoferschillen.com.

Im Kapitel 9 gehen wir konkret darauf ein, wie du deine Ziele definierst, verfolgst und umsetzt. Also sei gespannt und folge meinen Geschichten, die als Beispiele dienen, wie Veränderung funktionieren kann.

ERFOLGREICH AUS DER NOT HERAUS

Jahrelang war meine Sandkastenfreundin Anna als Chefassistentin einer Stylingagentur in München tätig. Sie schmiss sozusagen als gute Seele den ganzen Laden. Ihre Vorgesetzte war eine von der Sorte „Ich brauch keine Freundin", der durchaus bewusst war, dass Anna ihr bestes Pferd im Stall war. Sie meinte immer, es sei für sie kein Problem, wenn das Thema Kinder einmal auf den Tisch käme. Alles super, dachte Anna. Bis dann der Zwerg da war und die Elternzeit nur noch wenige Monate andauerte. Sie bereitet sich auf das bevorstehende Berufsleben vor und ihre Chefin teilte ihr kurzfristig mit, dass sie die Arbeitszeiten geändert habe. Die ausgewählte KiTa machte bereits um 16 Uhr zu. Anna hätte bis 16.30 Uhr arbeiten müssen. Und ihr Kind bis kurz vor Abend in eine zusätzliche Betreuung zu geben, kam für sie nicht in Frage. Alles Bitten und Betteln, die Bürozeiten eine halbe Stunde nach vorn zu verlegen, half nichts. Anna sah sich in ihrer Verzweiflung bereits beim Arbeitsamt sitzen, denn gerichtliche Schritte einzuleiten und einzufordern, war sinnlos. Die menschliche Enttäuschung war groß. Ich bestärkte meine Freundin darin, selbst eine Stylingagentur zu gründen. Sie kannte das Handwerk von der Pike auf. Sie hatte alles, um ihr eigenes Business auf die Beine zu stellen: in der Szene kannte man sie, die Investitionen waren überschaubar. Es fehlte nur noch der letzte Schritt. Kurzerhand erstellte ich ihr einen Businessplan. Und dann passierte das Missgeschick: In meiner Euphorie schickte ich das Konzept an ihre alte E-Mail-Adresse, die bis zu diesem Zeitpunkt noch auf ihre Chefin umgeleitet war. Sprich: dem Wolf direkt ins Maul. Als mir der Fehler auffiel, entgleisten mir sämtliche Gesichtszüge. Was hatte ich nur angerichtet! Anna war zu Recht stinksauer. Das hätte nicht passieren dürfen. Was tun? Ich versuchte, die Situation schönzureden. Kurze Zeit später trudelten schon scharfe Rechtsanwaltsbriefe mit diversen Drohungen bei Anna ein: Gefahr von Datenmissbrauch, Rufschädigung und sonstiges Bizarres, um sie einzuschüchtern mit dem Ziel, dass Anna bestenfalls von der Realisierung ihrer Geschäftsidee Abstand nähme. Natürlich waren alle Unterstellungen haltlos. Jedenfalls war das Pulver der Gegenseite recht schnell verschossen und es kehrte Ruhe ein. Der Weg war frei, die Firma wurde gegründet und negative Reaktionen, vor denen sie im Vorfeld Angst gehabt hatte, blieben aus. Anna ist mittlerweile gut aufgestellt. Ihre Arbeitszeit teilt sie sich mit ihrer Partnerin, ebenfalls Mutter, flexibel ein. Das Büro liegt klar abgrenzt im Erdgeschoss der doppelstöckigen Penthousewohnung. Das Mama-Kinder-Büro-Paradies schlechthin!

PRETTY WOMAN MIT KÖPFCHEN

Auch diese Geschichte zeigt auf, wie man mit den passenden Parametern seinen Job mit Kindern erfolgreich ausführen kann. Meine liebe Freundin Annika lernte ich bei einem Fernstudium zum Wellnesstrainer kennen. Knapp zwei Jahre lang legten wir zusammen Prüfungen ab und machten miteinander praktische Anwendungsübungen. Eine tief verbundene Freundschaft entstand. Sie war damals – und ist es auch heute noch – als Model tätig. New York, Paris, Barcelona und jetzt Hamburg. Kurz, nachdem sie ihr Yogastudio eröffnet hatte, in einem tollen Loft im Zentrum der Stadt, wurde sie schwanger. Sie war gerade dabei, ihr Business aufzubauen und konnte es sich trotz Babybauch nicht leisten, eine Pause einzulegen. Zu viel hatte sie in das Studio und in die Werbung investiert. Also stellte sie für die letzten Wochen vor und auch nach der Geburt einen externen Yogalehrer ein, der die Gruppe weiterhin betreute. Das klappte hervorragend. Sie war bei den Kursen anwesend und konnte Korrekturen an den Positionen ihrer Teilnehmer durchführen. Ihre Mutter, ihr Ehemann und ein Babysitter übernahmen dann auch den Kleinen schichtweise und sie war nach kurzer Zeit wieder voll berufstätig.

Es kam das zweite Kind. Und damit auch die Idee, Onlinekurse für Mamis von daheim aus anzubieten. Sie stellte fest, dass einige Mütter der Kinder und des Jobs wegen nicht die Zeit hatten, zum Yogakurs zu kommen. Ein neuer Geschäftszweig war gegründet, der „Online Yoga Essentials Kurs für aktive Mütter", den es inzwischen aus Zeitmangel leider nicht mehr gibt. Zielgruppe waren erfolgreiche Geschäftsfrauen, die neben ihrem Job und ihrer Rolle als Mutter gezielt etwas für sich selbst tun und körperliche Fitness ganz unkompliziert und mit wenig Zeitaufwand in den Alltag integrieren wollten. Webinare im Livechat von jeweils zwanzig Minuten. Für Annika auch praktisch, denn sie konnte dabei ihre eigenen Kids integrieren und von zu Hause aus arbeiten. Außerdem hatte sie eine zusätzliche Einnahmequelle. Mittlerweile ist sie so erfolgreich, dass sie Bücher schreibt, im Fernsehen auftritt, modelt und selbst Merchandising macht (www.annikaisterling.com).

Wie gesagt, man muss nur Ideen haben. Wenn dir nur wenig einfällt und du kreative Hilfe brauchst, dann lade deine Freundinnen zu dir ein und diskutiere mit ihnen in lockerer Runde darüber, wo sie dich sehen, wo sie dir eventuell weiterhelfen können, wozu sie Ideen haben, wie man und wo man dazu Auskunft bekommt. Erstelle eine Ideenliste für deinen Job! Überlege, was du dazu brauchst, welche Kontakte du schon hast, welche Investitionen zu tätigen sind, wie viele Stunden dir für den Job zur Verfügung stehen, welche Möglichkeiten du hast, was deine Kinder betrifft und so weiter. Der erste Schritt in deine neue erfolgreiche Zukunft ist gemacht!

ALLES EINE FRAGE DER ORGANISATION

Es ist nicht immer leicht, die Waage zu halten zwischen Kindern, Job, Haushalt, Familie und dem eigenen ICH (damit meine ich die Zeit, die nur für einen selbst da ist). Als meine beiden Engel auf die Welt kamen, und das in einem sehr kurzen Abstand von knapp 13 Monaten, stand ich des Öfteren mit meinen zwei Kindern an der Hand bei meinen Kunden. Meine Einstellung dazu war, dass das jetzt so ist. Ich fand schlichtweg keinen Babysitter. Ich war der Meinung: Wenn der Kunde damit nicht zurechtkommt, dann passt er auch nicht zu mir als Mensch. Wenn ich mich verstellen muss, damit ich dem Auftraggeber gefalle, ist das nicht mein Ding.

Aber es gab überhaupt kein Problem. Ganz im Gegenteil. Ich stand zu dieser Situation und blieb authentisch. Natürlich waren das keine Termine, wo ich einen Pitch zu gewinnen hatte. Aber eben Geschäftstermine. Man kann und sollte sich seine Kunden auch erziehen, denn Kinder zu haben ist menschlich.

Von einer freischaffenden Grafikerin erhielt ich neulich eine Abwesenheitsnotiz mit dem Vermerk: "Derzeit ist das Büro nur etappenweise besetzt. Meine Tochter hat die Masern. Ich bitte um Ihr Verständnis". Das fand ich großartig! Mobil bin ich dann zu erreichen, wenn die Kinder in der Schule sind. Ansonsten lasse ich den Anrufbeantworter laufen und rufe zurück, sobald ich Ruhe habe. Meine Termine lege ich meist auf den Vormittag, wenn die Kleinen versorgt sind. Alles eine Frage der Organisation.

Ich stelle immer wieder fest, dass wir zu viel wollen und erwarten. Im Job möchte man gerne Karriere machen und ist sehr ehrgeizig. Nebenbei geht man in einen Kurs für Italienisch, weil es so eine elegante Sprache ist und der nächste Familienurlaub nach Italien führt. Ehrenamtlich arbeitet man für das Kinderhilfswerk, weil soziales Engagement gefragt ist. Und die Oma wird regelmäßig im Seniorenheim besucht. Elternsprecherin ist man, um beim Lehrer einen guten Eindruck zu hinterlassen. Man will alles aus dem Leben herausholen. Deshalb haben wir auch immer das Gefühl, etwas zu verpassen. Das kann man nicht alles schaffen! Man sollte Prioritäten setzen, anstatt sich zu viele Aufgaben aufzuhalsen, die man dann nur zur Hälfte erfüllt. Das macht unzufrieden und belastet Seele und Körper.

Heutzutage gibt es unendlich viele Möglichkeiten, sich beruflich oder in der Freizeit zu entfalten. Aber wo fängt man an? Selbstreflexion ist auch hier das Mittel der Wahl. Finde heraus, wer du bist und was du tatsächlich willst. Richte deine Aufmerksamkeit dabei nach innen: Wie habe ich bis jetzt gelebt? Wer sind meine Unterstützer? Welche Stärken und Schwächen habe ich? Was macht mir wirklich Spaß? Erst dann bist du dafür bereit, neue Wege zu beschreiten!

DER PERFEKTE TAG

Ja, ich bin glücklich, ganz genauso würde ich meinen Zustand beschreiben. Es ist ein Zustand, der schon lange bei mir anhält und es sind, anders als von vielen Fachleuten gerne so tituliert, nicht nur Glücksmomente. Vielleicht habe ich auch ein anderes Verständnis für die Definition von „Glück". Für den einen ist Glück, wieder gesund zu sein, für den anderen ist Glück, endlich wieder einen festen Job zu haben. Es kommt immer auf die Lebensumstände an.

Viele meiner Seminarteilnehmerinnen und Freundinnen-Mütter sagen gerne: „Wenn die Kinder aus dem Haus sind und ich wieder mehr Zeit habe, dann …" oder „Ich träume davon, einmal …". Das finde ich sehr schade, denn die Zeit bis dahin kann noch sehr lange sein und das Warten darauf möchte ich mir erst gar nicht vorstellen.

Ich habe meine Kinder voll und ganz in mein Leben integriert, ohne auf Großes verzichten zu müssen. Es ist nur die Kunst, das eigene Leben nicht ihretwegen hinten anzustellen und sich bewusst Freiräume und Mechanismen zu schaffen, die das Miteinander erleichtern. So habe ich auch meine Mami-Challenge gemeistert.

Gerade als Mutter wird man gerne in die Schranken gewiesen. Dabei gibt es viele Wege, Kinder und Beruf unter einen Hut zu bringen und Stresskomponenten ein Schnippchen zu schlagen.

Wenn du dich jetzt angesprochen fühlst, du dich in der Situation befindest, in der du dich wieder mehr in den Vordergrund bringen möchtest und ein Update benötigst, da die Kinder „aus dem Gröbsten" draußen sind (sprich: sie sind im Kindergarten beziehungsweise in der Schule versorgt, die Elternzeit ist abgelaufen oder die Kinder sind aus dem Haus), dann bleibe jetzt dran. In Kapitel 3 gehe ich näher darauf ein.

WIE DU DIE WERTE FÜR DEIN LEBEN FINDEST

Wir kommen jetzt zum Übungsteil mit dem Arbeitstitel „Mein perfekter Tag". Nimm dir dafür bewusst Zeit, wenn du alleine bist. Lege dir dazu das Arbeitsblatt zur Seite, das du dir auf <u>www.katharinahoferschillen.com</u> heruntergeladen hast.

Arbeitsblatt „Mein perfekter Tag"

Gehe in dich und stelle dir vor, wie so ein Tag für dich aussehen würde. Schließe dabei die Augen und beantworte folgende Fragen: Wann stehst du auf? Mit welchen Tätigkeiten und Menschen verbringst du den Tag? Welche Rituale hast du? Was würdest du gerne für dich tun? Was machen deine Kinder? Wenn die Kids bereits aus dem Haus sind und du wieder ungewohnt viel Zeit hast, was würdest du dann damit tun? Was denkst du als letztes, bevor du einschläfst? Und dann schreibe alles wie bei einem Aufsatz in der Schule auf.

Also mein perfekter Tag sieht so aus, dass mein Mann auf dem Weg zur Arbeit die Kinder in die Schule bringt. Das Haus ist ruhig und ich genieße meinen Kaffee und lese dabei die Zeitung. Ich nehme mein Notizbuch zur Hand und stelle meine To-do-Liste für den Tag auf. So verschaffe ich mir einen Überblick über das, was heute auf mich zukommt und starte organisiert in den Tag. Im Anschluss gehe ich ins Büro und freue mich auf meine Arbeit, die mir sehr viel Spaß macht. Aus diesem Grund bin ich auch so erfolgreich. Zum Mittagessen ist die Familie wieder daheim. Anschließend werden die Schularbeiten gemacht. Die Kinder sind dann für ein bis zwei Stunden beschäftigt. Sie spielen im Garten oder sind bei Freunden. Mein Sohn im Sportverein, Lena in der Musikschule. Diese Zeit nutze ich für mich, indem ich Sport mache oder in Ruhe lese. Den Rest des Tages verbringen wir dann gemeinsam beim Kochen, Spielen oder einfach nur fröhlich miteinander Sein. Abends, wenn ich meine Kinder ins Bett gebracht habe und ihnen einen Gutenachtkuss gebe, umarmen sie mich und flüstern mir ins Ohr: „Danke für den schönen Tag. Du bist die beste Mama der Welt." Mein Mann sitzt in der Küche und wartet mit einem guten Glas Rotwein auf mich und wir haben genügend Zeit füreinander, den Tag Revue passieren zu lassen. Bevor ich einschlafe, bedanke ich mich bei Gott – oder nennen wir es Universum – für das, was ich habe, bin demütig und einfach nur glücklich und zufrieden. Gute Nacht! Natürlich läuft mein perfekter Tag selten so stimmig ab.

Die Kinder streiten, die Mathearbeit ist schlechter als gedacht, die Freizeitgestaltung ist nicht möglich, da ein Kind krank ist und so weiter. Aber darum geht es nicht. Das Phänomen kennen alle: Sobald man etwas beschreibt, bekommt man ein klareres Bild davon. In diesem Fall eine klare Vorstellung von deinem Wunschtag und seinem Ablauf. Das gilt auch für Gefühle. Wenn du über sie sprichst, werden sie dir erst so richtig bewusst. Durch diese Übung ist mir klar geworden, was mir wichtig ist im Leben, meine Schwerpunktthemen: Harmonie, Liebe, genügend Zeit für meine Kinder, meinen Mann, beruflich erfolgreich sein und Zeiträume, die für mich bestimmt sind. Diese Komponenten sind alle in meinen perfekten Tag integriert. Ich kann erfolgreich mein Leben führen, so wie ich bin und mit dem, was mir Spaß macht. Ich lebe authentisch, leidenschaftlich und erfolgreich. Das sind meine Werte!

Nimm dir nun das Arbeitsblatt „Meine Werte" zur Hand und schreibe auf, was dir in deinem Leben wirklich wichtig ist. Wirklich alles, was dir dazu einfällt. Freiheit, Partnerschaft, Unabhängigkeit, Erfolg im Beruf, Freunde, Gutes tun, Zeit mit den Kindern, Haus, Gemütlichkeit, Geborgenheit. Lass deinen Gedanken freien Lauf.

Mache anschließend eine kurze Pause.

Arbeitsblatt „Meine Werte"

Und jetzt nimm das Arbeitsblatt erneut zur Hand und notiere dir, was dir Weiteres dazu einfällt. Wiederhole diesen Vorgang sooft, wie du möchtest. Im zweiten Schritt nummerierst du deine Liste nach Prioritäten. Nummer 1 ist der Punkt, der dir am wichtigsten ist – bis zur letzten Nummer, am wenigsten wichtig. So stellst du dir deine Prioritäten zusammen. Die ersten fünf Bereiche mit der höchsten Punktzahl sind deine Werte. Nach diesen solltest du dein Leben ausrichten. Als Beispiel: Wenn du wieder arbeiten möchtest, du aber genauso viel Zeit mit deinen Kindern zusammen sein willst, dann kannst du nur einen Job machen, der dich halbtags oder stundenweise beschäftigt. Und wenn du Zeit für dich brauchst, dann schaffe ein Umfeld, in dem deine Kinder unter der Woche beschäftigt sind. Mein Sohn spielt Fußball, meine Tochter reitet und ist in der Musikschule. Also mir ist wichtig, den Tag bewusst mit den Kindern zu erleben. Dann frei zu haben, wenn sie von der Schule heimkommen. Somit nehme ich nur beschränkt Aufträge an, meine Kapazitäten sind auf 20 bis 30 Stunden in der Woche ausgerichtet.

Nehmen wir ein weiteres Beispiel, deine Partnerschaft. Sie ist dir wichtig und fällt unter deine ersten fünf Punkte. Es geht euch beiden gut, aber eben nur gut. Es fehlt dir, mehr Zeit zu zweit zu haben oder es fehlt dir an Verständnis oder du hast das Gefühl, er sieht durch dich durch. Was kannst du ändern? Was braucht es dazu? Mir fällt dazu ein: einen fixen Termin im Monat nur für euch beide. Das kannst du gleich heute schon festlegen. Immer am ersten Wochenende im Monat bestellst du samstags einen Babysitter ein oder die Oma. Was dein Netzwerk hergibt. Vielleicht spricht dich auch folgende Geschichte an.

TAUSENDUNDEINE NACHT

Wir haben ganz in unserer Nähe ein großartiges Hotel mit Wellnessbereich, Restaurant und Bar. Für die Kinder gibt es genügend „Auslauf" und in der Hochsaison auch noch Betreuung. Es ist wie im Märchen! Eine wunderbare Abwechslung für Kinder und Eltern, die jeder Beziehung guttut, leistbar ist und einfach Spaß macht. Während mein Mann und ich bei einem Glas Wein entspannen, toben sich unsere beiden Kids im Kinderclub aus. Das war lange unser Geheimtipp. Mittlerweile haben sich das einige Elternpaare aus unserem Freundeskreis abgeschaut.

Manchmal setzen wir noch einen drauf und übernachten dort. Nur für eine Nacht. Wir checken früh ein und haben den ganzen Tag und Abend für uns. Die Kinder werden „zwischengeparkt". Freunde von uns dachten anfangs, bei uns sei eine Schraube locker. Aber ich brauche doch keine vier Stunden Anfahrt, wenn ich nur für eine Nacht einchecke. Man bewegt sich dann ohnehin nicht mehr vor die Tür. An der Rezeption ist dann die Frage „Wie war Ihre Anreise?" der Running Gag. Mein Mann und ich nennen diese kurze Auszeit „unseren Tausendundeine-Nacht-Tag". Wellnessen, gut essen, an der Bar verweilen und danach …

„Bedenke, dass die beste Beziehung die ist,
in der jeder Partner
den anderen mehr liebt als braucht."

(Dalai Lama)

38

KAPITEL 3

VERPASSE DEINEM LEBEN EIN UPDATE

SELBSTMANAGEMENT BEGINNT IM ALLTAG

Um zurückzukommen auf den perfekten Tag: Der Grundstein einer jeden Veränderung ist die klare Konfrontation mit dem persönlichen Tagesablauf. Es gilt, Kapazitäten herauszuarbeiten und sich „neue Zeit zu schaffen" für Dinge, die einem gut tun. Und Gewohnheiten abzuschaffen, die lästig sind. Wie das geht? Ganz einfach. Lies das Kapitel genau durch, gerne auch öfter. Nimm dir die Zeit dafür, du wirst erstaunt sein!

DEINE ZAHLREICHEN ROLLEN IM LEBEN

Jeder Mensch hat verschiedene Rollen auszufüllen. Ich nehme mich hier als Beispiel, damit du daraus dein eigenes Profil ableiten kannst. Meine Rollen sind auf den ersten Blick: Hausfrau, Ehefrau, Mutter, Tochter und Schwester (die letzten beiden Rollen sind nicht zu unterschätzen und werden leicht vergessen) sowie Unternehmerin.

Gehen wir einen Schritt weiter. Die Rollen werden mit konkreten Inhalten und dem entsprechenden Zeitaufwand dargestellt. Hilfreich ist hier, die ganze Woche im Kopf durchzuspielen. Das Arbeitsblatt „Meine Rollen" unterstützt dich bei dieser Übung.

Arbeitsblatt „Meine Rollen"

Oder notiere auf einem Blatt Papier all deine Aktivitäten von Montag bis Sonntag und wie viel Zeit jede einzelne Rolle in etwa in Anspruch nimmt – eben ganz wie bei einem klassischen Stundenplan. So erkennst du schnell, wo Zeitfresser und Energieräuber sind und was dir fehlt, um glücklich(er) zu sein.

Bei „Hausfrau" steht bei mir: kochen, einkaufen, putzen, Wäsche waschen und bügeln, übrige Haus- und Gartenarbeiten erledigen, Hühner und Katze versorgen. Zu den einzelnen Posten auf dem Zettel schreibe ich die Dauer der Tätigkeit. Zum Einkaufen brauche ich sicherlich vier Stunden in der Woche. Haus- und Gartenarbeiten sowie Tiere nehmen insgesamt 36 Stunden in Anspruch.

Bei „Ehefrau und Mutter" steht: Zeit mit dem Partner allein, Kinderbetreuung mit Spielen, Hausaufgaben und täglichem „Taxiservice". Insgesamt: 30 Stunden.

Unter die Rolle „ICH" fällt alles, was ich in meiner Freizeit mache, sprich Freundschaften, Hobbys, ehrenamtliche Tätigkeiten (Vereine, Clubs, wohltätige Zwecke und Ähnliches), aber auch die Rollen „Tochter" und „Schwester". Allein die Telefonate mit meiner Familie machen bei mir rund vier Stunden in der Woche aus. Insgesamt ergibt das zehn Stunden pro Woche. Als Unternehmerin: Wenn du einen „nine-to-five"-Job hast, ist es recht einfach, die Arbeitszeit anzugeben: 40 Stunden pro Woche. Bei mir sind es etwa 30.

Mein Ergebnis sieht also folgendermaßen aus:

Hausfrau = 40 Stunden / Woche
Ehefrau und Mutter = 30 Stunden / Woche
Unternehmerin = 30 Stunden / Woche
ICH = zehn Stunden / Woche
Insgesamt macht das 110 Stunden / Woche = 100 Prozent (der Rest ist schlafen).

Jetzt brechen wir die Prozente grob gerundet auf die einzelnen Rollen herunter:

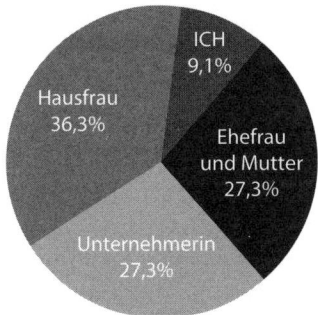

Ich habe jede einzelne Tätigkeit wirklich minutiös nach Tagen und Stunden aufgesplittet. Die Zeit, in der ich allein meinen Hobbys nachgehe, ist minimal.

Im Rahmen meiner Rolle als Hausfrau verbrauche ich allein für die Aufgabe „Putzen" bis zu 15 Stunden. Je nachdem welche Jahreszeit ist und wie verschmutzt die Schuhe meiner Kinder sind. Ich habe bewusst diese zwei Rollen gewählt: eine geliebte (ICH) und eine ungeliebte Rolle, die mir nicht liegt (Putzen). Das Resultat: Anhand meiner Notizen ist mir klar geworden, dass mir „meine Zeit", für die Rolle ICH, völlig fehlt und meine Aufgaben als Hausfrau mit der Aktivität „Putzen" überhand nehmen.

Folglich: Was muss ich tun, damit die Aktivitäten, die ich gerne habe, größer werden und sich die, die ich gar nicht mag, reduzieren?

Das Ergebnis: Über meine Netzwerkkontakte, also auf Empfehlung, habe ich eine Reinigungskraft gefunden und für fünf Stunden in der Woche eingestellt. So habe ich konkret fünf Stunden mehr Freizeitguthaben pro Woche. Nun höre ich dich sagen: „Nicht jeder kann sich eine Putzfrau leisten." Doch. Du musst bewusst auf etwas anderes verzichten! Überlege dir, wo du einsparen kannst. Es gibt so viel Unnötiges, was wir anschaffen. Aber dieses Thema greife ich später im Kapitel 9 noch ausführlich auf.

Durch diese Unterstützung im Haushalt treibe ich wieder mehr Sport und gehe meinen Hobbys nach. Auch das Telefonieren grenze ich bewusst ein und erspare mir damit vier bis sechs Stunden in der Woche. Dafür habe ich wieder angefangen, meine Nähmaschine zu nutzen und kreativ zu sein (ich nähe bevorzugt Röcke).

Anderes Beispiel: Eine Kursteilnehmerin stellt mit Schrecken fest, dass ihre Nachbarin und gute Freundin seit Jahren täglich von Montag bis Freitag nach der Arbeit ganz selbstverständlich für zwei Stunden auf einen Kaffee zu ihr kommt. Das nervt sie schon lange. Aber wirklich bewusst wird ihr das erst, als sie die Tagesabläufe aufschreibt. Hallo? Das sind in der Woche zehn Stunden! Und ihre Tochter beschwert sich, dass ihre Mama nie Zeit für sie hat. Was macht sie also? Sie verklickert der Nachbarin, dass diese zu oft auf Besuch kommt. Basta! Geht doch. Sie kommt nur noch dienstags und das Guthabenkonto erhöht sich prompt um acht Stunden in der Woche.

Bitte schreibe jetzt deine Rollen auf. Jede einzelne, wie in meinem Beispiel. Hierzu dient dir als Download das Arbeitsblatt „Meine Rollen".

Rolle	Tätigkeit	Mo	Di	Mi	Do	Fr	Sa	So	Gesamt
Beruf		4	4	4	4	4			20
Haus-frau									
	Kochen	1,5	1,5	1,5	1,5	1,5	1,5	1,5	10,5
	Einkaufen								
	Putzen								
Familie									
	Partner								
	Kinder								
	Haustiere								
ICH									
	usw.								

Du siehst, welche Rollen du bedienst und wie viele es sind. Sicher mehr, als du gedacht hast, stimmt's?

Notiere nun deine Tagesabläufe so genau wie möglich. Beginnend mit Montag und endend mit Sonntag. Schreibe dazu deinen Stundenplan auf ein Blatt Papier im Querformat (siehe Beispieltabelle) und verwende das Arbeitsblatt „Stundenplan/Wochenplan".

Arbeitsblatt „Stundenplan/Wochenplan"

Der Montag könnte zum Beispiel so aussehen: Vier Stunden gearbeitet (als Angestellte oder Selbstständige), unter die Rolle „Hausfrau" fallen unter anderem eineinhalb Stunden kochen, eine Stunde einkaufen, eine Stunde putzen und im Garten arbeiten, fünf Stunden Kinder betreuen (oder mit dem Hund Gassi gehen), eine Stunde telefonieren und so weiter.

Absolut unterschätzt wird auch die Zeit, in der du auf Facebook oder in anderen sozialen Netzwerken unterwegs bist, mit einer

Freundin telefonierst, die du aller Voraussicht nach am Folgetag im Fitnesscenter triffst, oder sonst irgendwie mit deinem Handy beschäftigt bist. Da kommen viele Stunden zusammen.

Liste nun also wie im Beispiel oben den Ablauf für die restlichen Wochentage auf und fasse die Zeit zusammen, die du für die einzelnen Rollen und Tätigkeiten brauchst. Rechne am Ende noch die Anteile aller Rollen aufgerundet in Prozenten aus. Das müssen keine exakten Zahlen sein wie in meinem Beispiel. Trotzdem bitte ich dich, die Zeit so konkret wie möglich anzugeben. Oft werden die Aktivitäten unterschätzt.

Jetzt hast du dein tatsächliches Zeitraster vor Augen, den Ist-Zustand deines Stundenkontos, deine Lebensinhalte.

Schau dir die „Rollen" genau an, die du vergeben hast. Frage dich: „Welche gefällt mir besonders gut und welche weniger? Was fehlt mir?" Gefällt dir, was du hier stehen siehst oder erschreckt es dich? Worauf hast du in der Vergangenheit verzichtet, was hat dir total gut getan?

Das Ziel ist, dass du dir deinen Zeitplan so zusammenstellst, dass die Tagesinhalte mit viel mehr Positivem als Negativem bestückt sind. Jetzt kommt das Arbeitsblatt „Rollentausch" zum Einsatz.

Arbeitsblatt „Rollentausch"

DEIN SOLL-ZUSTAND

Kleine, bewusste Verschiebungen im Alltag machen gleich so viel aus. Und auch hier ist die Umsetzung des Prinzips ziemlich einfach.

Fazit: Bewusst „Nein" sagen ist herrlich und auch die liebevollste Antwort für dich selbst. Also löse dich von ungeliebten Zwängen!

Du hast nur 100 Prozent.

Wenn du eine Rolle hinzufügst,

musst du eine andere abgeben.

NETZWERKEN FÜR MAMIS

Um deinen Soll-Zustand zu erreichen, bedarf es einer guten Netzwerkliste. Dieses Thema ist so umfassend, dass es hier nur kurz angerissen werden kann. Wenn du hierüber mehr lesen willst, kann ich dir nur Monika Scheddins „Erfolgsstrategie Networking" (Allitera Verlag) ans Herz legen. Ich bin absolute Vollblutnetzwerkerin und lebe das jeden Tag. Ob ich eine Freundin mit einem Geschäftskollegen meines Mannes verkupple oder dem Koch unseres Lieblingshotels ein Appartement organisiere, das meine Schwägerin zufällig zu vermieten hat. Man muss nur die Antennen ausfahren, global denken und dann die passenden Menschen zusammenbringen. Netzwerken ist ein viel zu rationaler Begriff dafür. Ich sehe es eher als einander gegenseitig Gutes tun. Netzwerken beginnt bereits bei einer Restaurantempfehlung. Bevor ich lange im Internet recherchiere, greife ich doch lieber auf einen guten Tipp aus meinem Freundeskreis zurück und alle profitieren davon. Der Gastwirt hat mit uns neue Gäste, ich bin über die großartige Empfehlung glücklich und der Tippgeber freut sich, uns und dem Restaurantbesitzer etwas Gutes getan zu haben. Ein Geben-und-Nehmen-Prinzip und ein wuderbares Instrument, um sich und seine Bedürfnisse „unter die Leute" zu bringen.

Eine meiner besten Freundinnen hat über ihren Steuerberater ihre Traumimmobilie gefunden. Ohne Maklerprovision und in dem Vertrauen, dass sie nicht über den Tisch gezogen wird. Du suchst einen Job in einer Boutique oder eine Lehrstelle für deinen Sohn? Ein Grafiker für deine Website ist gefragt, Kontakte zur Presse, ein guter Rechtsanwalt, eine Reinigungskraft?

Überlege, wer aus deinem Freundeskreis hier weiterhelfen kann oder Bekannte hat, die das können. Du hast sie alle in deinem Umfeld.

„Wenn du schnell gehen willst, gehe allein.
Wenn du weit gehen willst, gehe mit anderen."
(Afrikanisches Sprichwort)

Setze die Menschen in Kenntnis, die auf deinem Weg zum Ziel behilflich sein können: Friseurin, Kosmetikerin, Nachbarin, Familienangehörige, Freunde, Kollegen. Streue immer und immer wieder deine Veränderungswünsche ein. Ich suche eine Wohnung, ich möchte einen neuen Job, ich brauche ein neues Auto, einen Babysitter, eine Putzfrau, eine Praktikumsstelle für meine Tochter. Du siehst: Vieles ist zum Greifen nah!

Hänge dir ein Blatt Papier (Arbeitsblatt „Netzwerkliste") an den Kühlschrank und schreibe die Namen auf, die dir beim Spülen oder Kochen einfallen. Was dir etwa beim Autofahren oder Duschen einfällt: merken und auf das Blatt übertragen. In kürzester Zeit ist der Zettel voll, du wirst sehen. Denn du hast mehr wertvolle Kontakte, als du denkst.

Arbeitsblatt „Netzwerkliste"

CARPE DIEM

Warum ist das so, dass wir der Zeit und Zielen so hinterher hetzen? „Ab nächster Woche kümmere ich mich darum, ganz bestimmt." Wie oft hast du diesen Satz schon gesagt oder gehört? Und dann steht man wieder auf der gleichen Stelle und schiebt Vorgehabtes auf die lange Bank. Und warum stellen wir uns gerade dann besonders in Frage, wenn magische Feiertage wie Weihnachten und Silvester auf uns zukommen? Weil wir nachdenklich werden und uns mit unserer jetzigen Situation im Hier und Jetzt beschäftigen. Wo stehe ich, wo will ich noch hin? Ich sage: Es ist höchste Zeit für Zeitmanagement.

FAMILIE BRAUCHT ZEITMANAGEMENT

Wie auch Dana in ihrem Vorwort betont: Der Mensch braucht Strukturen, um den Alltag im Überblick zu behalten. Sonst „verlebt" man die Tage, einen nach dem anderen. Hamster im Laufrad – willkommen! Hand aufs Herz: Wie oft sitzt du nach Feierabend, wenn die Kinder schlafen, vor dem Fernseher und zappst orientierungslos die Programme von oben nach unten durch? Wie oft telefonierst du mit deiner besten Freundin, die du erst am Vortag das letzte Mal gesehen hast und wie viele Stunden bist du auf Facebook unterwegs? Rechne dir gedanklich einmal die Zeit aus. Du wirst erstaunt sein, wie viele Stunden hier zusammenkommen, die weder wirklich Qualität noch Inhalt haben.

VERSCHAFFE DIR EINEN ÜBERBLICK

Das Prinzip ist einfach. Mein Mann und ich setzen uns jeden Sonntagabend (vor dem Tatort) in die Küche, beide mit unserem Kalender. In meinem Fall mein Handy. Wir nennen das „Dienstbesprechung". En Detail gehen wir jeden Tag durch, von Montag bis Samstag. Wer hat wann und wo Termine, wer holt wann und wo die Kinder ab, wann und wo ist ein Fußballspiel auswärts, wann und bei wem sind die Kinder untergebracht oder müssen erst untergebracht werden, da wir beide Termine außerhalb haben. Es wird direkt bei der Oma angerufen, alles abgeklärt und so weiter. Der Vorteil ist, dass wir beide absolut organisiert und vorbereitet in die Woche starten. Das Chaos bleibt aus. Das kannst du auch. Lege dir einen persönlichen Wochenkalender an (Arbeitsblatt „Stundenplan/Wochenplan") oder trage alle Termine und Organisationsabläufe dort ein, wo du deine Termine managest.

Solltest du einen Partner haben, involviere ihn, vor allem, wenn es um die Betreuung der Kinder geht. Davon seid ihr beide betroffen. Auch deine persönlichen Termine wie Sport, Kosmetik, Friseur. Auch Fernsehsendungen, damit du sie nicht verpasst. Zwei bis drei gute Filme oder Sendungen pro Woche, auf die du dich freuen kannst, ohne schlechtes Gewissen (das erspart das sinnlose Herumzappen). Freitagabends ein „Freundinnen- oder Partner-Special" oder eben etwas ganz Besonderes. Was dir einfällt: eintragen.

FREIE ZEIT SINNVOLL NUTZEN

Probiere es aus! Mit einem „Stundenplan" bist du gut aufgestellt und steigst organisiert und übersichtlich in die Woche ein. Durch weniger Fernsehen und Handynutzung gewinnst du einiges an Zeitguthaben zu deiner freien Einteilung. Natürlich darf eine gewisse Spontaneität und Flexibilität nicht verlorengehen, aber wenn es auch nur drei Tage sind, an denen du dich inhaltlich an deine eingetragenen Aktivitäten hältst, ist schon Vieles erreicht. Die klaren Strukturen und Zeitvorgaben verschaffen Ruhe und Überblick.

„Es geht nicht darum, dem Leben mehr Tage zu geben,
sondern den Tagen mehr Leben."
(Cicely Saunders)

Der wichtigste Mensch im Leben bist du, also behandle dich entsprechend sorgsam und gut. Im Restaurant bestellst du dir ja auch das, was dir am besten schmeckt. Dann tue dir in deiner freien Zeit ebenso Gutes und nur das Beste für dich. Schaffe schöne Momente. Die Freundin treffen, ein gutes Buch lesen, kochen mit deinem Partner, Beauty und Kosmetik am Abend und so weiter. Dinge, die du gerne machst und auf die du dich freust. Du wirst sehen: So kommt sehr viel mehr Qualität in dein Leben. Das tut auch dem Selbstbewusstsein sehr gut. Ein erfülltes Gefühl stellt sich ein und das trägt in logischer Konsequenz zu deinem Wohlbefinden bei. Balsam für die Seele. Du kannst dir den Tag selbst verschönern. Du musst es nur angehen!

Du hast deine Rollen im Leben so verteilt, dass sie angenehm für dich sind. Jetzt vollende die Übung aus Kapitel 3 „Verpasse deinem Leben ein Update", indem du deine Zeit, sprich: die wertvolle ICH-Zeit mit schönen Momenten füllst. Aber was sind schöne Momente für dich? Mit welchen Aktivitäten sammelst du Kräfte? So wie ich meinem Mann oft sage (der sich immer wieder über meinen langen Schlaf wundert, wenn die Kinder nicht daheim sind): „Schatz, Ausschlafen ist für mich purer Luxus, der nichts kostet."

Fazit: Aktivitäten, die dich viel Zeit und Energie kosten, solltest du langsam, aber sicher abschaffen und stattdessen schöne Rituale einführen: einen Abendspaziergang durch den Wald machen oder eine Entspannungsmassage genießen statt Einkäufe für die Schwiegermutter erledigen; sich nach der Arbeit an den See setzen und ein paar Seiten eines Buchs lesen statt Taxifahrer für die Nachbarin zu spielen; oder ein Glas Prosecco im Lieblingslokal trinken statt das Spielzeug der Kinder wegräumen.

Wie das geht, zeige ich dir jetzt mit meinen Enspannungsquickies. Ich habe mir dazu ein Karteikartensystem mit vier Farben angelegt.

Grün steht für kurze Tätigkeiten (ca. 30 Minuten). Dort stehen bei mir Dinge wie ein kurzer Anruf bei meiner liebsten Freundin, im Internet schnell ein Kleidungsstück shoppen, einen guten Kaffee trinken und mich dazu in den Garten setzen.

Die gelben Karten sind für zwei bis drei Stunden lange Aktivitäten wie Saunagang mit anschließendem Mittagsschlaf, ein Kinobesuch, schön essen gehen, Freunde auf ein Glas Wein treffen.

Die roten Karten sind dafür bestimmt, wenn du viel Zeit zur Verfügung hast, sprich einen halben oder ganzen Tag. Darauf stehen Klassiker wie ein Buch oder Zeitschriften lesen, die Malstaffelei herausholen, ein Wellnesstag.

Steht mehr als ein Tag zur Verfügung oder sogar ein ganzes Wochenende, dann sind die Karten blau. Dazu fallen mir Städtetour, Wellnesswochenende, längere Wanderungen, kurzer Ausflug ans Meer mit spontaner Übernachtung ein.

Schreibe für jede Farbe fürs Erste fünf Dinge auf, die du gerne machen möchtest. Was auf den ersten Blick so einfach erscheint, braucht Geduld. Aber du wirst sehen, so manches Vergessene kommt wieder zum Vorschein und Neues kommt hinzu. Ordne deine Karten in einen Karteikartenhalter und stelle die Box griffbereit auf einen Lieblingsplatz. Kreiere dir gleich hier deine persönlichen schönen Momente. Wenn du mit den Arbeitsblättern („Entspannungsquickies") arbeitest, dann kannst du sie direkt darin übertragen oder mit Hilfe des Karteikastensystems arbeiten.

Und wie funktioniert das jetzt? Du wirst gemerkt haben, dass bei den Aktivitäten keine Kinder vorkommen. Das hat den Grund, dass diese freie Zeit, die ICH-Zeit, ohne Kinder stattfindet. Also wenn meine beiden Kids versorgt sind, als Beispiel beim Kindergeburtstag (3 bis 4 Stunden), im Kino mit Freuden (2 bis 3 Stunden) oder bei Vereinsaktivitäten (1 bis 2 Tage), dann sind das die sogenannten Leerzeiten (Freizeitguthaben). Dann ziehe ich eine Karte aus der entsprechenden Zeitkategorie (Farbe) und tanke Kraft! Auch wenn du nur einen kurzen Moment hast, gibt es Möglichkeiten, positiven Input herzuholen. Sieh dir ein Foto von deinen Liebsten auf dem Handy an oder ein Urlaubsbild mit Erinnerungswert. Gönne dir eine Minute Pause, atme bewusst ein und aus und betrachte das Bild mit Dankbarkeit und Freude. Auch dieser 60-Sekunden-Moment tut gut. Unsere Gedanken senden Energie aus.

Du trägst alles in dir,
was du brauchst,
um den Tag zu verschönern,
um dich besser zu fühlen,
das Leben zu spüren
und deine Ziele zu erreichen.

KAPITEL 4

WORK-LIFE-BALANCE FÜR MAMIS

Mein Multifunktionskocher ist meine neueste Errungenschaft. Er kocht vor sich hin, während ich mein Sportprogramm über eine App im Badezimmer vollziehe. Das dauert 15 bis 20 Minuten an zwei Tagen in der Woche. Super Tipp, falls du so wie ich keine Zeit hast, ins Fitnessstudio zu gehen.

Wir sind gewohnt, fünf Dinge auf einmal zu tun. Während dem Bügeln wird telefoniert und gleichzeitig läuft die Waschmaschine, wobei du dazwischen kurz die Blumen gießt. Das Streben nach Perfektion trägt zur Erschöpfung bei. Die Tage sind viel zu kurz und voll mit all den Aufgaben, die wir zu bewältigen haben oder von denen wir glauben, sie erledigen zu müssen. Man kommt einfach schnell an seine Grenzen. Alles auf einmal, um möglichst viel zu erledigen, tut der Seele nicht gut.

Geht es dir auch so? Du spürst eine innere Unzufriedenheit, das Gefühl, bei vielen Dingen nicht weiterzukommen? Es fehlt meist an Zeit und Motivation. Die Tage vergehen und am Ende wissen wir nicht so recht, wo die Zeit hin ist und mit welchen Inhalten wir unserem Leben Qualität geben.

Kannst du dich an die Sparkassen-Werbung erinnern, in der eine Frau gefragt wird: „Und, was machen Sie beruflich?" Im Trailer laufen verschiedene Szenen ab: die Kinder liefern sich eine Kissenschlacht, der Gartenschlauch platzt, der Hund bringt Dreck ins Haus und so weiter. Sie meint daraufhin: „Ich führe ein sehr erfolgreiches kleines Familienunternehmen." Genauso ist es.

Es gibt viele Arten von Müttern. Ihre Kinder vernachlässigende Rabenmütter, Helikoptermütter, die ständig um ihre Kinder herumkreisen, überfürsorgliche Gluckenmütter, die Leitwolfmami. Das Rollenklischee der perfekten Mutter wollen wir alle erfüllen. Die besten Kindergeburtstage feiern, tonnenweise Weihnachtskekse backen, basteln bis zum Umfallen und Gutenachtgeschichten bis zur Heiserkeit vorlesen. Keine Theateraufführung und kein Fußballspiel werden verpasst, kein Elternsprechtag wird ausgelassen. Das ist leichter gesagt als getan. Nicht jede Mutter ist so privilegiert, als „Heimmutter" zu arbeiten und zahlreiche Stunden zur freien Verfügung zu haben. Und wenn man bis nachmittags arbeitet und das Kind in der Betreuung hat, wird einem gleich der Stempel aufgedrückt, dass man sein Kind vernachlässigt. Oft auch von uns selbst, denn das schlechte Gewissen plagt einen schnell, etwa wenn man die Kinder in die Krabbelstube gibt oder zur Nachmittagsbetreuung anmeldet. Dabei verdienen hart arbeitende und vor allem alleinerziehende Mütter den größten Respekt.

Du musst dich nicht ständig ins Zeug legen, den Wünschen der Kinder und vor allem den Vorstellungen deines Umfeldes gerecht zu werden. Viel effektiver und entspannter ist es, sich weitgehend darauf zu beschränken, vorbildlich zu sein und zu einer Atmosphäre beizutragen, in der sich alle wohl fühlen. Es gibt jedoch viele Möglichkeiten, selbst den Druck rauszunehmen. Schon allein das Thema „Muffinsbacken" für die Schulkinder zum Geburtstag stresste mich jedes Mal.

Jetzt nehme ich kurzerhand eine Backmischung und frisiere sie mit Zuckerkugeln und Farbstreuseln auf. Die Kinder sind begeistert und ich mache in kürzester Zeit meine Tochter glücklich. Selbst die Lehrer haben ein Kompliment ausgesprochen. Na dann! Und wenn jemand fragt, ob wohl alles Bio sei, kann man auch mal ein wenig schummeln mit Bio-Zutaten. Nur ein Beispiel von vielen, wie man sein Familienleben entspannter machen kann. Denn wenn es dir gut geht, geht es auch dem Rest deiner Familie gut.

HILFE, DAS KIND SCHREIT!

Du kennst die Situation: endlich ein langersehnter freier Abend, die Kinder zwischengeparkt und du bereits auf Tour. Dann ruft die Schwiegermutter an, ganz verzweifelt, dass das Kind weint. Super. Fühlt sich ganz toll an. Wieder den Stempel „Rabenmutter" auf der Stirn. Aber ich habe gelernt, in solchen Fällen eine Bestandsaufnahme zu machen: Was hat das Kind? Will es einfach nur seinen Kopf durchsetzen, dass die Mama heimkommen soll? Oder ist es etwas Ernstes wie Fieber? Eventuell ist auch die Schwiegermutter überfordert, weil die Kleine keine Ruhe gibt und nicht einschlafen will. Und dann kommt die entscheidende Frage: Was kann passieren?

Das Kind ist in guten Händen, es wird sich wieder beruhigen. Ich werde auf keinen Fall meinen Abend sausen lassen (es sei denn, es ist krank). Das mag vielleicht hart erscheinen. Aber diese Hubschraubermütter, die wegen jeder Kleinigkeit gleich aufspringen, tun sich meines Erachtens nicht immer einen Gefallen damit. Das merken sich die Kids natürlich und dann wird es immer wieder vorkommen, dass Mama auf dem schnellsten Weg zurück muss. Also erst die Situation abschätzen. Eine Mutter weiß intuitiv, wie groß die Not tatsächlich ist.

Ich bin absolut davon überzeugt, dass Gedanken viel bewirken können. Positive wie auch negative geben Energie frei. Es zu schaffen, alles positiv zu sehen, ist natürlich unrealistisch. Ängste hat jeder Mensch. Aber es gibt Mechanismen, durch die man leichter mit ihnen umgehen kann.

Wenn ich ständig mit der Furcht lebe, dass meinen Kindern etwas passieren könnte, werde ich verrückt. Mein Trick ist: Sobald unschöne Gedanken hochkommen, sage ich mir, was meine tiefste Überzeugung ist: „Deine Sorgen sind berechtigt. Aber sei beruhigt. Deine Familie ist beschützt." Das hilft ungemein und nimmt mir die Angst. Das Gleiche gilt auch für Krankheit oder Zukunftsaussichten. Ich finde es sehr angenehm und irgendwie beruhigend, so zu leben und die Gedanken darauf zu programmieren, dass alles gut geht.

Wir neigen auch dazu, uns in Gedanken mit weit in der Zukunft Liegendem zu beschäftigen. Während der Kindergartenzeit meiner Kinder hörte ich zum Beispiel ständig, dass die Schulen hier bei uns so schlecht seien. Aber warum sollte ich mir denn schon drei Jahre vorher darüber Sorgen machen? Es reicht doch, wenn ich dann handle, wenn es so weit ist.

Was ich allerdings nicht ignoriere, ist meine Intuition – meinen besten Coach. Wenn ich mich bei dem Gedanken absolut unwohl fühle, meine Tochter heute mit einer Freundin und deren Mutter ins Schwimmbad gehen zu lassen, dann sage ich die Verabredung ab. Ich habe ein sehr gutes Bauchgefühl und bin davon überzeugt, dass mir etwas oder jemand eine Warnung schickt. Und die nehme ich ernst. Dieses Bauchgefühl trägt jeder in sich. Der eine spürt es besser, der andere weniger. Versuche dich daran zu erinnern. Es ist dir sicher schon manches auf den Magen geschlagen. Oder erinnere dich daran, wie es ist, frisch verliebt zu sein, an die Schmetterlinge im Bauch. Ich würde mir wünschen, dass die Menschen wieder mehr intuitiv, als rational entscheiden.

Man steht oft vor Entscheidungen. Man möchte unbedingt eine neue Wohnung oder einen neuen Job haben oder sich selbstständig machen. Wenn dem etwas im Weg steht, dann ist kein Fluss da, dann soll es einfach nicht sein. Genauso umgekehrt: Wenn alles wie geschmiert läuft, dann klappt es und ein gutes Gefühl dazu stellt sich automatisch ein. Diese Lebensphilosophie, auf meine innere Stimme zu hören, tut mir gut und ich halte mich daran. Sie ist mein bester Berater.

Und wann hast du das letzte Mal auf dein Bauchgefühl gehört?

EIN GESCHENK DER BESONDEREN ART

In verschiedenen Situationen produzieren wir uns selbst Stress, Kreativität bei der Lösung kann dagegen entscheidend helfen. Ich habe mir zum Ritual gemacht, immer, wenn ich eine kurze Zeit verreist war, meinen Kindern etwas mitzubringen. Aber da fällt mir selten etwas Passendes in den Schoß, sondern ich muss richtig suchen. Das kostet mich Zeit. Soll ja auch kein Ramsch sein. Letztens in München habe ich kapituliert, weil ich einfach nichts Schönes gefunden habe. Also war meine Kreativität gefragt – und schon kam mir, nach ein wenig Überlegen, die zündende Idee: Ich bin in ein Schreibwarengeschäft gegangen und habe in Rosa und Blau ein schönes Briefpapier gekauft. Abends, bei einem Glas Wein im Hotel, habe ich dann angefangen, meinen Kindern einen Brief zu schreiben. Einen für Lena und einen für Maximilian. Darin habe ich ihnen gesagt, dass Geschenke etwas ganz Besonderes sein können, in diesem Fall ein Brief von der Mama. Ich habe mich bedankt für ihre Unterstützung, habe ihnen geschrieben, dass ich sie lieb habe, wie sehr ich sie vermisse und was ich mir wünschen würde für einen verständnisvollen Umgang miteinander. Die Briefe habe ich dann abgeschickt. Zuhause angekommen war eine der ersten Fragen: „Was hast du uns mitgebracht?"

„Das Geschenk ist unterwegs", war meine Antwort. Sie waren sehr gespannt. Drei Tage später lagen die Kuverts im Briefkasten. Die Kinder hatten eine große Freude, denn Post für sie kommt nur selten.

URLAUB MIT DER FAMILIE

Eines kann ich vorwegschicken: Gratulation an alle Mütter, die ihre Liebsten in Kinderclubs abgeben können. Meine beiden sind absolut clubresistent. Und glaube mir, wir haben Vieles ausprobiert. Bevorzugt mieten wir eine Finca auf Mallorca, wenn möglich mit eigenem Pool. Sandstrand und Meer direkt in der Nähe. Das ist das Konzept, das lange funktioniert hat. Bis letzten Sommer. Denn mein Sohn hatte das erste Mal sein Handy dabei und war die ganze Zeit damit beschäftigt – und überhaupt war der Urlaub viel zu lang und nichts war geboten. Also mussten wir hier umdenken. Ich bin ja wirklich keine clubanimationsbegeisterte Frau. Ganz furchtbar, wenn sich fremde Familien gegenseitig beglücken. „Hallo, wie schön, dass sich unsere Kinder so toll verstehen. Wollen wir uns heute Abend gemeinsam einen Esstisch im Restaurant nehmen?" Hilfe! Ist überhaupt nicht meins. Aber das ist Geschmacksache und vor allem ist es wirklich so, dass die Kids beschäftigt sind, wenn sie andere Kinder um sich haben.

Also hier muss ich mich wirklich geschlagen geben und mich nach den Ansprüchen meiner Kinder richten. Ein gewisser Kompromiss darf auch sein. Es sollen sich schließlich alle wohl fühlen. Deshalb starten wir dieses Jahr einen „Clubfunimationurlaub". Was ich außerdem wirklich empfehlen kann: Mein Mann geht in den Sommerferien immer eine Woche mit unserem Sohn nach Salzburg ins RedBull-Camp. Meine Tochter ist zur gleichen Zeit auf einem Reiterhof untergebracht und ich bin nicht weit weg von ihr in einem schönen Landhaus eingebucht. Dort kann ich gut arbeiten und genieße die Ruhe. Sie tut der ganzen Familie gut, so eine Trennung auf Zeit. Wir wissen dann alle, was wir aneinander haben. Wenn du eine tolle Urlaubsempfehlung für Familien hast, dann bitte schreibe mir. Dein Einverständnis vorausgesetzt, veröffentliche ich das dann auf meiner Homepage, sodass auch andere Mütter auf deinen Tipp zurückgreifen können. Maile mir einfach an info@ katharinahoferschillen.com.

MEINE GRÖSSTE CHALLENGE – DAS HANDY

Unser Sohn hat dieses Jahr zu seinem 10. Geburtstag sein erstes eigenes Handy bekommen. Würden mein Mann und ich nicht so strikt mit der Kontrolle der Nutzung sein, wäre mein Sohn stundenlang und ohne Unterbrechung in seinem Zimmer. Die Aussagen „ja gleich" und „warte, noch ganz kurz" akzeptiere ich längst nicht mehr. Wenn ich diese Sätze nur höre, kriege ich hektische Flecken. Ich bin auch ständig die Böse, denn alle anderen Kinder dürfen selbst beim Zubettgehen das Handy bei sich haben. Hier bin ich der Meinung, es müssen klare Signale gesetzt und auch unpopuläre Entscheidungen getroffen werden. Dieses Handy bestimmt den Tag und die Stimmung überträgt sich auf die ganze Familie. Jeder ist genervt. Aus diesem Grund habe ich ganz klare Regeln eingeführt: Nach der Schule wird dieses Ding abgegeben und am Abend darf er sich noch eine halbe Stunde damit beschäftigen. Ein Tipp: sonntags ist bei uns absolutes Handyverbot. Bei uns Eltern und bei meinem Sohn. Das entspannt und schafft Zeit für andere wertvolle Dinge. Kann ich dir nur empfehlen. Und bleibe dabei, Grenzen zu setzen, halte durch, auch wenn es wirklich Kraft kostet. Sonst verlierst du die Kontrolle und dein Kind erst recht. Mein Ziel ist es, dieses Verfahren so lange wie möglich durchzuziehen und konsequent zu sein. Später habe ich eh keinen Einfluss mehr darauf.

Sobald der Kfz-Händler eine Karte schickt, dass das Auto eine neue TÜV-Plakette braucht, wird ein Termin mit der Werkstatt vereinbart. Und wie schaut es mit dir selbst aus? Wenn du ganz selbstverständlich zwei Mal im Jahr beim Gynäkologen bist und ein Mal im Jahr einen kompletten Gesundheitscheck machen lässt, dann kann ich nur gratulieren. Du hast die Verantwortung für dich selbst erkannt und übernommen. Wenn nicht, dann rufe gleich heute an und vereinbare einen Termin beim Arzt! So einfach geht das. Und wenn man dann gesagt bekommt, dass „alles gut" ist, dann trägt das zum allgemeinen Wohlbefinden bei und steigert die Lebenslust. Wenn das Ergebnis nicht gut ist, dann hat man die Krankheit aufgrund der regelmäßigen Vorsorgeuntersuchungen vielleicht noch rechtzeitig entdeckt und kann sie behandeln.

> Gehe optimistisch und
> liebevoll mit dir selbst um.
> Du bist die wichtigste Person
> in deinem Leben.
> Und du hast Verantwortung.
> Für dich und deine Familie.

Vereinbare noch heute alle Arzttermine für dieses Jahr. Trage sie auch direkt in Handy und Kalender ein.

Arbeitsblatt „Termine fixieren"

KAPITEL 5

MACH DEIN LEBEN SPANNENDER

SELBST WIEDER KIND SEIN

Kinder sind hier meine Vorbilder. Warum erscheint einem Kleinkind der Tag so lange? Weil es so Vieles neu erleben darf, was für uns schon normal ist. Wie schmeckt eine Olive, eine Avocado, Käse? Wie ist es, das erste Mal mit einem Flugzeug zu fliegen oder das Meer zu sehen? Jeden Tag gibt es neue Eindrücke zu verarbeiten. Aber das können wir auch. Leben für das Neue. Wenn du die Wohnung wechselst, hast du ganz neue Nachbarn, Geschäfte, Geräusche, Gerüche und so weiter. Im Urlaub kannst du ein neues Land erkunden, neues Essen kennenlernen. Gesangsunterricht kann man auch noch mit 50 nehmen. Entdecke ganz neue Talente in dir! Greife jetzt zum Telefon und melde dich zum Tanzabend an. Direkt, sofort und ohne Umwege kannst du dein Leben mit aufregenden neuen Inhalten füllen.

„Bewahre immer den Sinn für Neues, denn es macht das Leben bunter,
interessanter und vollkommener."

Kinder sind die besten Lehrmeister, wenn es darum geht, uns Erwachsenen zu
zeigen, wie wenig es braucht, um Freude zu haben. Wir können uns Vieles von
ihnen abschauen.

Ich finde, man spürt das Leben dann, wenn man sich Herausforderungen stellt oder etwas macht, was man sich schon lange vorgenommen hat. Oder eben etwas Verrücktes tut. Das finde ich total sympathisch. Ich zum Beispiel werde dieses Jahr mit meinem Mann den Segelschein machen. Was ist daran so besonders? Die Tatsache, dass wir es immer wieder aufgeschoben haben und nun damit Schluss ist. Dinge, die ich gerne tue, plane ich fix ein. Du kannst dich heute dazu entscheiden, den Piloten- oder Motorradführerschein zu machen. Oder mit 45 Jahren einen Kurs im Poledance machen. Why not! Ich habe vor kurzem einen Schwimmkurs im Kraulen belegt. Mein Mann und die Kinder konnten es gar nicht glauben. Ich hatte es keinem gesagt. Das war ein großartiges Erlebnis, ganz für mich allein.

> „Die Zeit ist nur ein leerer Raum, dem Begebenheiten,
> Gedanken und Empfindungen erst Inhalt geben."
> (Wilhelm von Humboldt)

Oder in einen vollen Fahrstuhl steigen und alle mit einem ganz lauten „Hallo zusammen" begrüßen. Mach das einmal, mein Mann hat das schon getestet und macht es mittlerweile mit großer Begeisterung. Eine wirklich lustige Situation. Es braucht nur Überwindung. Auch dafür gibt es ein Arbeitsblatt „Verrücktes tun".

Arbeitsblatt „Verrücktes tun"

Wie ich schon anfangs sagte: Ich lebe das, was ich lehre. Und weil ich immer ein klares Ziel vor Augen habe und mich traue, habe ich schon vieles erlebt. Auch diese Geschichte aus meinem Leben zeigt, dass man viele Überraschungen erleben kann, wenn man sich nur traut.

Mit 16 Jahren war ich in einer sehr glamourösen Jugendclique. Mein damaliger Freund war ein Industriellenkind mit eigenem Chauffeur und allem, was dazugehört. Seine Großmutter besaß auf der ganzen Welt Immobilien, wie etwa eine wunderbare Villa in Cannes, in der wir gerne zu Besuch waren. In einer Gruppe von bis zu zehn Personen verlebten wir dort wirklich tolle Zeiten. Gerade die Filmfestspiele in Cannes waren damals bereits sehr beliebt und wir fuhren mit mehreren Autos ins Zentrum, wo sich alles abspielte. Bei der Parkplatzsuche verloren wir uns aus den Augen. Handys gab es damals noch nicht. Meine damalige Freundin Silvia und ich beschlossen kurzerhand, die Situation zu nutzen und ins Carlton Hotel zu gehen. Wenn schon Glamour, dann richtig! Das Carlton ist bis heute das Promihotel, in dem alle Stars untergebracht sind.

Gesagt, getan. Wir saßen an der Bar und wussten ganz genau, dass hinter der großen Tür die absolute VIP-Party stattfand mit allen Filmsternchen und Prominenten, die man nur aus dem Fernsehen oder Zeitschriften kannte. Unser Traum war, über den roten Teppich schreiten zu dürfen. Und genau das passierte: Die Tür ging auf und ein Scheich mit langem weißem Gewand und ebensolcher Kopfbedeckung stolzierte den Flur entlang Richtung Ausgang. Nachdem er bereits an uns vorbeigelaufen war, blieb er plötzlich stehen. Er blickte sich um und kam auf uns zu. Mit den Worten „Girls, make the best out of it" (Mädchen, macht das Beste daraus) übergab er uns seine Einlasskarte.

Da saßen wir nun mit seiner persönlichen Einladungskarte, die „non-transferable" war. Kurzerhand rissen wir sie in zwei Teile und stolzierten hoch erhobenen Hauptes und mit dem dazu passenden arroganten Gesichtsausdruck über den roten Teppich. Jede mit ihrer Hälfte der Einladung in der Hand.

Unser aufrechter Gang war so stolz und erhaben, dass uns die Bodyguards sofort die Tür öffneten, ohne uns zu kontrollieren (zumal wir auch standesgemäß angezogen waren). Niemand kam auf die Idee, dass wir nicht eingeladen waren. Wie peinlich, wenn das aufgeflogen wäre. Aber das nahmen wir in Kauf.

Und betraten eine Traumwelt. Silvia und ich bedienten uns großzügig am üppigen Buffet und setzten uns an den größten Tisch im Raum. Wir kamen aus dem Staunen nicht heraus. Erst nach meinem dritten Gang zum Buffet bemerkte ich, dass neben mir Sean Connery und Joan Collins (das Biest aus dem Denver Clan) saßen. Ich wäre fast an meinem Nachtisch erstickt. Den Espressolöffel von Connery "musste" ich mitnehmen, aber leider finde ich ihn nicht mehr. Dafür habe ich noch die Eintrittskarte als Beweisstück.

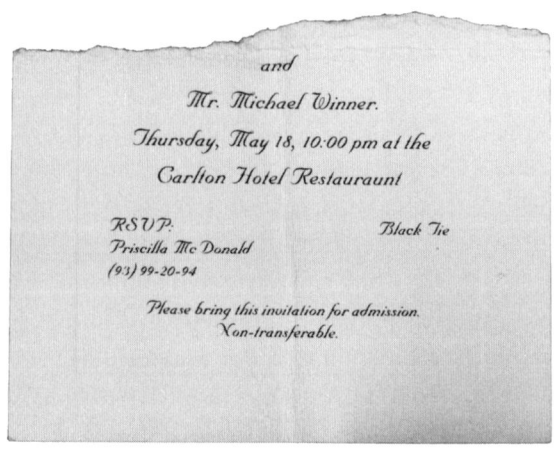

Meine Hälfte der auseinandergerissenen Einladungskarte

Wir kamen erst in der Früh nach Hause. Unsere Freunde waren zutiefst beleidigt, denn sie wären so gerne dabei gewesen, zumal wir nach der Party im Carlton noch im Schlepptau einiger Gäste bei der Geburtstagsfeier einer prominenten deutschen Schauspielerin aufschlugen. Einfach nur grandios! Aus diesem Grund: sei mutig und verschließe dich nicht. Es können fantastische Möglichkeiten auf dich zukommen.

KAPITEL 6

BEAUTYCASE AND BUSINESS

Es ist nicht schwierig, ein bisschen auf sich zu schauen. Diesen Anspruch solltest du unbedingt an dich haben. Schaue auf dich und darauf, dass du dich gut fühlst. Das fängt bei deinem Erscheinungsbild an. Kinder mögen hübsche Mamas und Väter erst recht. Damit meine ich nicht, ein Model zu sein. Nein, ganz einfache Dinge. Schöne Unterwäsche, gepflegte Hände, typgerecht gekleidet, die Haare einigermaßen zurechtgemacht. Diese Dinge. Das ist so wichtig für dich und wird gerne vor lauter „schnell, schnell" vernachlässigt. Aber deine Außenwelt nimmt dich wahr und das wird gerne unterschätzt. So wie die folgenden Beispiele zeigen.

Mit PR (Public Relation) verbinden die meisten ein Unternehmen. Aber auch du als Hausfrau, Angestellte und Mutter betreibst jeden Tag PR. Ich betone immer wieder in meinen Seminaren: „PR begins at home." Wenn du dich bei deinem Nachbarn oder Ehemann darüber beschwerst, wie unstrukturiert dein Chef ist und wie schlecht die Firma läuft, dann ist das negative PR (für deinen Arbeitgeber und das Unternehmen). Deine Zuhörer geben diese Informationen wieder an andere weiter und erreichen damit viele Personen. Auch wenn du deinen Freunden erzählst, wie ungerecht der Trainer deines Sohnes ist und wie unhygienisch die Zustände im Schwimmbad sind. Das alles ist PR, nämlich schlechte für die besagten Personen beziehungsweise Institutionen. Wenn du jedoch in den höchsten Tönen von der Boutique nebenan schwärmst, dann ist das eine großartige PR und die beste Empfehlung für diesen Shop. Besser als jede Anzeigenschaltung.

Das gilt allerdings auch für dich. Wenn du ungepflegt aus dem Haus gehst oder unfreundlich zu deinem Umfeld bist, dann reden die Leute sicher nicht besonders gut über dich. Bist du gepflegt, höflich und gut drauf, hat niemand einen Grund, über dich unvorteilhaft zu reden. Also achte darauf, was du über wen sagst und wem du es sagst.

QUALITÄT WIRKT

Wie wirkst du auf andere oder wie möchtest du gerne wirken? Wie ist der erste Eindruck, wie trittst du auf, wie präsent bist du? Hochwertige Materialien sind deine Visitenkarte. Auch bei deinem Outfit. Mindestens ein Kleidungsstück sollte ein Markenstück sein. So fühlst du dich auch gleich um einiges wohler in deiner Haut. Probiere es aus.

Wenn du mit einer Designertasche einkaufen gehst, hast du ein anderes Auftreten als mit einer billigen Imitation. Und bitte nicht das Argument „Ich kann mir das nicht leisten". Es gibt genügend Outletstores. Ich rede hier von einer Tasche. Nicht mehr.

Ich werde beispielsweise auch niemals mit einem billigen Werbekugelschreiber eines anderen Unternehmens bei einem meiner Kunden sitzen und in einem Schulheft Notizen machen. Auch hier zählt: Qualität vor Quantität.

Von der Unterhose bis zum Scheitel solltest du deine Linie und damit dein gepflegtes Außenbild stolz präsentieren. Auch eine Mutter kann in der Früh geschminkt in den Kindergarten kommen (wohl wissend, dass das einigen anderen Müttern gar nicht gefällt). Du bist du. Mich hat neulich eine Mutter angesprochen: „Du schaust morgens immer so frisch und gestylt aus. Wie schaffst du das nur?" Es war 8 Uhr, ich war weder geschminkt noch ausgeschlafen, noch hatte ich die Haare spektakulär gerichtet. Aber ob ich in eine coole Jeans einsteige oder in eine ausgebeulte Jogginghose – der Zeitaufwand ist absolut der gleiche. Das gilt ebenso für das Oberteil und die Schuhe.

Sehr faszinierend finde ich den sogenannten Signaturlook. Den haben meist Personen, die in der Öffentlichkeit stehen: Sie haben ein unverkennbares Markenzeichen. Bei Karl Lagerfeld sind es die fingerlosen Handschuhe. Bei Victoria Beckham ist es ihr schlecht gelaunter Gesichtsausdruck. Udo Lindenberg ist stets in Lederhose, Brille und Hut unterwegs. Die Zigarre nicht zu vergessen.

Und du? Welches unverkennbare Markenzeichen passt zu dir? Schaffe dir deinen eigenen, persönlichen Look. Das vereinfacht auch das Kleiderkaufen!

"Stil ist nicht Mode oder ein Trend,
Stil bist du selbst"

Auch entsprechende Pflege gehört dazu. Ich meine jetzt nicht ein Milchbad, aber denke mal darüber nach, wo überall du zum Beispiel die Körperlotion verteilst? Sind die Füße auch dabei? Das vergessen die meisten. Sie tragen dich ein ganzes Leben und haben das Recht, gepflegt zu werden. Ich kann auch nicht verstehen, dass man sich den grauen Haaransatz zentimeterweise rauswachsen lässt, anstatt regelmäßig zum Friseur zu gehen. Allein der Stress, die Haare so zu legen, dass keiner einem auf's Haupt starrt – was für ein Energieräuber!

WIE DU DICH FANTASTISCH FINDEST

Nur die wenigsten Mütter steigen nach der Geburt wieder kompromisslos in ihre Jeans Größe Zero. In meinem Fall meinte die Krankenschwester: „Und, wann kommt Ihr Baby?" „Vorgestern Abend", war meine Antwort. Hartes Training und Diät war bei mir angesagt, um in etwa wieder zur Ausgangssituation, sprich vor der Schwangerschaft, zurückzukommen. Nicht ganz erreicht, aber ich habe mich mit meinem Resthüftspeck ausgesöhnt. Wenn bei uns der Palmerskatalog eintrudelt und mein Mann große Augen kriegt, dann ist mein Standardspruch: „Lass die mal zwei Kinder kriegen." Es ist zu akzeptieren, dass der Körper ein anderer ist. Wie gesagt, nicht bei allen. Viele Mamis jedoch leiden darunter. Du auch? Dann setzte dir ein klares Ziel. Mehr dazu erfährst du im Kapitel 9. Wie du dein Unterbewusstsein auf „Ich fühle mich fantastisch" programmierst, zeige ich dir hier!

Das tägliche Mentaltraining für dein Selbstbewusstsein könnte so aussehen: Stelle dich vor den Spiegel und rezitiere voller Begeisterung ein Mal täglich und vier Mal hintereinander laut und deutlich folgenden Text (auch als Download unter www.katharinahoferschillen.com):

1. Ich bin eine sympathische und erfolgreiche Persönlichkeit.
2. Ich habe eine charismatische Ausstrahlung und eine positive Wirkung auf meine Mitmenschen.
3. Ich bin optimistisch und voller Mut.
4. Klar und voller Tatkraft verwirkliche ich meine Wünsche und Ziele.
5. Automatisch ziehe ich genau die Menschen an, die mich bei der Verwirklichung meiner Ziele unterstützen.

(nach Émile Couè)

Arbeitsblatt „Motivationstext"

Diese Praxisübung zeigt bei konsequenter Durchführung auf jeden Fall Wirkung. Denn das Unterbewusstsein nimmt diese Botschaft nach einem gewissen Zeitraum an und speichert sie ab. Als Alternative: In meinem Schlafzimmer habe ich auf einem kleinen Tischchen eine Zeitschrift mit der Headline „Ich finde mich fantastisch" liegen. Die lese ich automatisch, sobald ich aufstehe und ins Bad laufe – jeden Tag. So werde ich auch nicht vom Ehemann erwischt, wenn ich mich laut schönrede. Ich lese es und speichere die Botschaft immer wieder ab. Ein kleiner Impuls, der gut tut und große Wirkung hat.

Damit du dein Selbstwertgefühl auf Vordermann bringen kannst, möchte ich dir noch eine weitere Übung zeigen. Sie führt dir vor Augen, was du wert bist und was du alles kannst. Unterschätze dich nicht!

Schreibe bitte 20 positive Eigenschaften auf. Bei meinen Kursteilnehmerinnen kommt hier meist ein geseufztes „So viele bekomme ich nicht zusammen!". Also ergänze ich, dass es auch Dinge sein können, die man gut kann oder die man im Leben erreicht hat und auf die man stolz ist. Als Beispiele gebe ich dann:

Kuchen backen, lustig sein, ein Musikinstrument spielen können, Geburt der Kinder, Schulabschluss, Zertifikat vom Volkshochschulkurs, kreativ sein und so weiter. Du wirst sehen, es kommt eine Menge zusammen. Und wenn du das alles aufschreibst und dich mit dir auseinandersetzt, bestenfalls mit einem Lächeln auf den Lippen, das sich üblicherweise nach kurzer Zeit automatisch einstellt, dann tut das deinem Selbstbewusstsein wirklich gut. Bitte nimm dir wieder einen Moment Zeit und führe hier alles auf, worauf du stolz bist. Wie gesagt, alles. Man kann auch darauf stolz sein, die besten Faschingskostüme zu nähen.

Nimm bitte folgende Arbeitsblätter zur Hand: 20 Dinge, auf die ich stolz bin | Imposante Persönlichkeiten | Buchstaben.

Arbeitsblätter „20 Dinge, auf die ich stolz bin",
„Imposante Persönlichkeiten", „Buchstaben"

WIE MÖCHTE ICH SEIN, WIE MÖCHTE ICH WIRKEN?

Schreibe Personen auf, die dir imponieren. Ob das die Lehrerin deines Kindes ist, die Nachbarin, Heidi Klum als Mutter von vier Kindern oder Barack Obama. Und dann notiere, was dir an ihnen gefällt. Ist es die Optik, der Humor, das Auftreten, die Art, wie sie sich bewegen? Du wirst sehen, dass du mit den Menschen, die du bewunderst, einiges gemeinsam hast. Und das stärkt dein Selbstbewusstsein nur noch mehr.

Kurzversion: Wenn dir diese Übung zu lange dauert, dann schreibe die Buchstaben deines Namens von oben nach unten auf. Notiere dann zu jedem Buchstaben eine deiner positiven Charaktereigenschaften, die mit diesem Buchstaben beginnen.

Bei mir steht zum Beispiel: K = kommunikativ, A = ausgeglichen, T = tough, H = humorvoll, A = aufgeschlossen, R = resolut, I = intelligent, N = neidlos, A = ausdauernd. (Quelle: Kerstin Hack, Power-Fragen. Impulse für Lösungen, Berlin 2007)

MACH DICH SICHTBAR

Je hochwertiger die Kleider, das Auto, das Haus, umso erfolgreicher wirkst du und bist du. Wie viel Wahrheit dahinterstecken kann, zeigt diese Geschichte.

Die Bekannte einer Freundin hat sich in München als Unternehmerin selbstständig gemacht. Die Mieten für ein Büro sind dort extrem hoch. So hat sie sich in ein Gemeinschaftsbüro eingemietet. Wochen vergehen, die Kunden bleiben aus. Die Netzwerke sind bedient worden, daran kann es nicht liegen. Sie ist eine top Beraterin. Kurzentschlossen und auf volles Risiko sucht sie sich Räumlichkeiten in der Maximilianstraße. Kaltmiete: 3.000 Euro. Das Fassadenschild mit ihrer Firmenaufschrift hängt keine zwei Tage, da kommen die ersten Klienten.

Fazit: Erst jetzt wird sie wahrgenommen. Jemand, der sein Büro in einer der teuersten Straßen Münchens hat, muss automatisch gut sein. Kaufe aber deshalb keine Mercedes-S-Klasse auf Pump, die dich in den Ruin treibt. Unsichtbar bleiben und sich als Unternehmer totsparen ist allerdings auch nicht gut. Finde den passenden Mittelweg für dich!

"Big picture.
Wenn du groß denkst,
erreichst du auch große Ziele."

KAPITEL 7

DAS WESENTLICHE ZÄHLT

Mein Mann nahm mich an Silvester um Mitternacht in die Arme und sagte leise: „Auf dass alles bleibt, wie es ist." Absolut auf den Punkt gebracht, in nur wenigen Worten. Meine Familie und ich, wir haben alles um uns herum, was uns zufrieden macht. Wir haben uns, die Kinder, ein schönes Haus, wir sind alle gesund und wir dürfen in einer Region leben, in der es weder Krieg, Kälte noch Hunger gibt. So sage ich das auch gerne meinen Kindern. Es braucht nicht viel im Leben, um glücklich und zufrieden zu sein.

Gesundheit sowie Menschen, die man liebt, sind sicher die wichtigsten Komponenten. Natürlich kommen noch weitere Aspekte hinzu, wie beispielsweise: finanzielle Sicherheit, Zufriedenheit im Job, sich wohl fühlen und in seinem Umfeld zurechtkommen, um das Gesamtbild abzurunden. Das ist auch bei jedem Menschen unterschiedlich. Bei den einen sind es die Kinder, die einen vervollständigen, bei den anderen ist es der Hund, der Partner oder die beste Freundin. Ich empfinde es als sehr angenehm, wenn man seinen Anspruch an das Leben auf das Wesentliche reduziert. Sonst sieht man nur das, was man nicht hat und wird unzufrieden. Dieses Jammern auf hohem Niveau stresst mich wirklich. Natürlich geht immer mehr. Noch ein größeres Auto, noch ein größeres Haus, noch ein besseres Fahrrad. Gerade in unserer westlichen Welt, wo die Kinder vor lauter Überdruss gar nicht mehr wissen, was sie sich wirklich wünschen sollen. Sie haben alles. Krampfhaft überlegt man bei den Anfragen von der Patentante: „Was wünscht sich deine Tochter denn zu Weihnachten?", was sie wirklich noch nicht hat, sodass sie dann vor lauter Freude auf das Geschenk nicht einschlafen kann. Das gibt es nicht mehr. Auch bei uns nicht. Beim letzten Friseurbesuch meinte die Angestellte zu meinem Sohn: „Und, was wünschst du dir zu Ostern?" Und er sagte: „Nichts. Ich habe schon alles." Ist das jetzt gute Erziehung und mein ständiges Einreden, wie gut es uns geht und wie dankbar wir dafür sein sollen? Oder ist es wirklich so, dass er alles hat und keine Ideen mehr für Überraschungen? Kinder sind die perfekten Barometer. Sie bestimmen unser Leben, egal ob sie groß sind und bereits aus dem Haus oder ob sie noch klein sind. Sie sind bestenfalls bis zu unserem letzten Atemzug in unserem Leben und wir fühlen uns für sie verantwortlich. ABER! Das große Aber: Trotz allem heißt das nicht für den Rest des Lebens, dass du dich nicht mehr als die Frau, die du vor den Kindern warst, wahrnehmen sollst.

Natürlich verändert das Muttersein dein ganzes Leben. Aber nicht bis zur Selbstaufgabe. Gerne werde ich in Interviews gefragt, was mich stolz macht. Es sind nicht meine beruflichen Erfolge, was wohl eine klassische Antwort wäre. Nein, es sind meine Kinder. Meine Aufgabe als Mutter ist eine große Herausforderung und wirklich zeitweise eine Challenge und auch mir geht oft die Luft aus. Aber es macht mich stolz, sie heranwachsen zu sehen und ihnen Werte zu vermitteln, sie für das Leben zu stärken. Auch in meinen beruflichen Stationen hatte ich Projekte, die ich von 0 auf 100 gebracht habe. Der Weg war nicht immer leicht, es galt einiges an Hürden zu nehmen, aber das Ziel vor Augen, das hat mich täglich motiviert. Glück ist nicht beständig. Man darf nicht davon ausgehen, dass alles so bleibt, wie es jetzt ist, bis zum Rest des Lebens. Das Leben hat keine Regeln. Morgen kann schon alles anders sein. Deshalb genieße deine Zeit, gehe achtsam mit ihr um und schätze sie bewusst.

Hat meine Tochter mir gemalt. Bei mir im Büro.

Einfach so, ohne Anlass.

Wir verhalten uns oft, als würde das Leben unendlich lange dauern. Aber wenn wir den 40. feiern, kommen Sprüche wie: „Gratuliere zur Halbzeit!" Wir können nicht davon ausgehen, dass die Sonne morgen für uns noch scheint. Deshalb ist es so wichtig, den Tag bewusst zu erleben, im Hier und Jetzt. Es ist nicht immer leicht, so zu denken und die Zukunft birgt viele Fragen. Aber mit Übung und Geduld kommst du dorthin. Egal, was du im Moment tust, ob Zeitung lesen oder kochen, ob mit den Kinder spielen oder spazierengehen. Denke dabei nicht, was noch alles zu erledigen ist, sondern nimm ganz bewusst genau diesen Moment auf. Wenn ich lese, lese ich. Wenn ich koche, koche ich. Probiere es aus! Es wird dir am Anfang nicht immer gelingen. Es ist ein Prozess. Aber man kann es erlernen. Bleibe dran, bis du es geschafft hast!

Leider werden wir von der Zeit bestimmt – das hat sich der Mensch ausgedacht. Wir hetzen von Termin zu Termin. Deshalb denken wir auch oft, die Zeit liefe uns davon. Was wäre, wenn wir die Zeit abschaffen würden? Keine Geburtstage, keine Feiertage, keine Termine, keine Uhrzeit, keine Jahreswechsel. Einfach zeitlos. Es gibt nur die naturbedingten Jahreszeiten. Der Mensch würde sich sicher weniger unter Druck gesetzt fühlen. Mir gefällt diese Vorstellung.

Mir persönlich gefällt auch die Idee der „Löffelliste" sehr gut. Sie enthält alles, was ich noch erleben möchte, bevor ich „den Löffel abgebe". Wenn du möchtest: lege dir einfach eine an.

> „Warte niemals,
> bis du Zeit hast."
> (Chinesisches Sprichwort)

Meinem heutigen Mann Norbert sagte ich, nachdem wir uns kennengelernt hatten, in den ersten Wochen nicht, was ich beruflich mache. Es war nicht wichtig, welchen Status man hat. Außerdem wollte ich auch nicht überheblich wirken. Ich gab an, Sekretärin zu sein – schöner Mittelweg. Bis er dann auf einen Spontanbesuch zu mir ins Büro kam. Meine Sekretärin stellte sich freundlich vor und begleitete ihn zu mir ins Büro. Jetzt war Verheimlichen nicht mehr möglich. Norbert war sichtlich irritiert und hatte ordentlich Klärungsbedarf. Am Wochenende darauf hatte ich einen großen PR-Job und die ideale Möglichkeit, ihm zu zeigen, was ich dort machte. Ich hatte ihn gebeten, zu diesem Anlass einen Anzug mitzubringen, da wir auf einen Ball gingen. Gesagt, getan. Es war der erste Auftritt von Eckart Witzigmann in seinem Palazzo. Ich war als PR-Lady für die Journalisten zuständig. Von Gunter Sachs über Boris Becker bis hin zu Blacky Fuchsberger war alles an Prominenz vertreten. Während ich meinen Job machte, lehnte mein Schatz an der Bar bei Kombucha-Getränken und jungen Hostessen. Er hielt sich im Hintergrund und beobachtete mich aus der Ferne. Bei der Heimfahrt meinte er zu mir: „Du lebst in einer ganz anderen Welt, dort, wo ich lebe, gibt es diesen Glamour nicht." Ich lächelte und fragte ihn: „Was kannst du mir denn bieten?" „Liebe" war seine Antwort. „Na wunderbar, das reicht mir doch", meinte ich mit einem Augenzwinkern. Und so ist es bis heute. Dieser Satz war für mich eine Lebensentscheidung. Ja, ich weiß, kitschig. Aber es ist so eine schöne Geschichte. Liebe ist wesentlich!

Was haben Fußpflege und das Ausmisten des Kleiderschranks mit Coaching zu tun? Ganz einfach: Sich wohlfühlen fängt vor allem bei sich selbst an.

Das Wort „reduziert" ist derzeit eines meiner Lieblingsworte. Ich denke mir oft: Wäre unser Haus, vor allem der Garten, kleiner, der Kleiderschrank weniger gefüllt, der Kühlschrank übersichtlicher und wären die Spielsachen meiner Kinder weniger, dann hätte ich viel mehr Zeit und weniger Arbeit. Auf Bäume klettern und Klingelstreiche sehen die Kids dann als liebste Freizeitbeschäftigung, ganz nach dem Motto „Weniger ist mehr".

Auch beim Einkaufen bin ich oft überfordert, wühle mich durch die Massen an Käse-, Joghurt- und Wurstsorten, bis ich meine, das Richtige gefunden zu haben, oder vor lauter Überangebot gar nichts davon nehme. Ich möchte nicht auf hohem Niveau jammern, aber sich da zu entscheiden ist oft sehr mühselig und erschwert das Leben. Und es kostet vor allem kostbare Zeit.

In so vielen Bereichen können wir selbstbestimmt „ausmisten" und uns so das Leben erleichtern und vereinfachen. Oder uns mit kleinen Ritualen selbst mehr Wertschätzung und Aufmerksamkeit entgegenbringen. Für mich fängt Selbstcoaching schon bei diesen alltäglichen Dingen an. Hier gilt es für mich in logischer Konsequenz, den Alltag von früh bis abends zu reflektieren. In meinem Zuhause und in meinem Einkaufsverhalten habe ich einiges abgeschafft und geändert. Erdbeeren aus der Türkei interessieren mich nicht. Ich bevorzuge Produkte aus unserer Region und Umgebung.

Wie lange stehst du vor dem Kleiderschrank und überlegst, was heute wohl passen würde? Unzählige Kleidungsstücke schreien: „Zieh mich an!" Tja, und dann greifst du trotzdem wieder zu den üblichen Teilen und kommst gar nicht auf die Idee, die Stücke einmal ganz anders zu kombinieren. Dabei wäre es doch so einfach. Und noch einfacher wäre es, wenn es nur drei perfekt passende Hosen, fünf perfekt dazu passende Oberteile und ein paar Accessoires im Kleiderschrank gäbe. Hier ist meine Freundin Bettina Assinger (Stilikone und Neodesignerin) meine beste Beraterin. Von ihr habe ich auch den 1-2-3-Trick beim Kofferpacken. Das heißt: 1 Hose, 2 Oberteile, 3 Accessoires = 5 unterschiedliche Outfits. Denn auch ein Kleiderschrank kann kompliziert sein. Ist er gut gemanagt, erleichtert das den Alltag ungemein. Du wirst sehen, Ordnung halten und den Überblick bewahren beruhigt und macht zufrieden. Wenn du in allen Lebensbereichen gut aufgestellt bist, kannst du nur erfolgreich sein.

„In der Einfachheit offenbart

sich das Wesentliche."

ENT„SORGEN"

Weniger Sorgen, wenn weniger da ist? In vielen Fällen trifft das zu. Wie Hermann Scherer in seinem Buch „Glückskinder" so treffend sagt: „Denn das Materielle belastet uns nicht auf physische Art, weil es vorhanden ist, sondern durch die Energie, die es uns kostet, die Sachen in unseren Köpfen zu beachten, zu verwalten, die Verantwortung dafür zu übernehmen, das Zeugs zu ordnen, wiederzufinden."

Was kannst du also noch entsorgen? Die unzähligen Probepackungen, die das Regal im Bad schon überquellen lassen? Oder die etlichen Zeitschriften, die du aufbewahrt hast, weil du nochmals darauf zurückgreifen könntest (auf den Hoteltipp oder das Rezept). Ich fotografiere solche Tipps mit meinem Handy, meist beim Friseur, und speichere sie nach Themen ab: Rezepte, Hoteltipps, Urlaub, Freunde, Familie, Funny.

Setze die Entsorgung in deinen vier Wänden fort. Schaffe dir Luft und Raum. Lösche deinen E-Mail-Eingangsordner der letzten beiden Jahre, ordne die Steuerunterlagen und wirf ab und zu einen Blick auf deine Finanzen.

Vielleicht gibt es einen Handytarifanbieter, der viel günstiger ist. Hast du für die Rente ausreichend vorgesorgt oder gilt es, hier zu reagieren?

Ob im Büro oder zu Hause – miste aus! Eventuell auch in deinem näheren Umfeld. Auch Freunde können einen mitunter sehr beanspruchen und anstrengend sein. Das Verhältnis sollte ausgeglichen sein. Es sollte immer ein Geben und Nehmen sein. Wenn nur eine Seite gibt, gilt es, das zu erkennen und zu ändern. Auch wenn das der andere nicht versteht und es eventuell die Freundschaft kostet. Es ist deine Zeit!

Auch in meiner Familie habe ich feste Auszeiten festgelegt. Nicht oft, aber wenn ich sage: „Ich brauche eine Stunde für mich", dann wird das problemlos akzeptiert. Meist verwende ich dafür den unglaublich schönen Satz auf Englisch: „Please leave me in peace." Den habe ich von unserer Englischlehrerin Sherene. Wir haben uns in einer kleinen Mädelsrunde zusammengeschlossen und Privatunterricht genommen (fällt unter das Thema „Verrücktes tun").

Jetzt hast du schon einiges für dich geregelt. Dein Stundenkonto ist mit wertvollen Inhalten gefüllt. Die ungeliebten Rollen sind reduziert, die geliebten Rollen nehmen mehr Platz ein. Du hast mehr Zeit für dich. Ausgemistet hast du auch. Wunderbar!

DEINE GLÜCKSPARAMETER

Eine kleine Übung mit dem Arbeitsblatt „Glücksparameter". Schreibe spontan Dinge auf, auf die du nicht verzichten magst, die du zum glücklichen Leben brauchst. Du wirst auf einen Blick sehen, es braucht nicht viel.

Arbeitsblatt „Meine Glücksparameter"

Bist du glücklich, wenn du erfolgreich bist oder bist du erfolgreich, wenn du glücklich bist? Worin liegt der Unterschied für dich zwischen Glück und Erfolg?

"Bekommen,

was man sich wünscht,

ist Erfolg. Sich wünschen,

was man bekommen kann,

ist Glück."

(Charles F. Kettering)

KAPITEL 8

RAUS AUS DER SACKGASSE

Wappne dich im Voraus vor unguten Situationen und bestehe vor allem darauf, dass du das bekommst, was dir zusteht.

DIE FALSCHEN FRAGEN, DIE RICHTIGEN ANTWORTEN

Die Zeitungen sind voll von schlechten Nachrichten. Nur dann werden sie auch gelesen. Neid, Neugierde, Sensationslust. Menschen neigen leider dazu, lieber das Schlechte zu hören und zu sehen. Oft stellen Menschen – meist welche, die man nicht einmal gut kennt – sehr persönliche Fragen. Gerade in einer Kleinstadt, wo jeder jeden kennt oder meint zu kennen, ist man nicht anonym und gerne Zielscheibe. Trennung, Krankheit, Führerschein weg, die Kinder haben was angestellt. Es gibt einige unangenehme Situationen, in denen man distanzlosen Fragen ausgesetzt ist.

Einer Urlaubsbekannten, Lehrerin, sehr attraktiv, Single und kinderlos, wurde bei jedem Schulfest und auf Ausflügen von Eltern die Frage aller Fragen gestellt: „Du bist so eine attraktive Person. Wie kann es sein, dass du als Lehrerin, die kinderliebend ist, keinen Mann und keine Kinder hast?" Zuvor hatte sie sich immer gerechtfertigt. Bis zu dem Zeitpunkt, als sie sich die passende Antwort zurechtgelegt hatte: „Es war mir einfach nicht vergönnt gewesen." Das reichte aus und ließ genug Platz für Spekulationen. Ist sie krank? Kann sie keine Kinder bekommen? Trotzdem kam auf diese Antwort meist keine Gegenfrage mehr. Das wäre zu persönlich geworden. Sie hatte es geschafft, sich zu wappnen und sich zu schützen.

Das Gleiche gilt, wenn dein Mann dich betrogen hat, du deinen Job verloren hast oder sonst gerade für Gesprächsstoff in deinem Umfeld sorgst. Lege dir eine passende Antwort zurecht. Dann bist du vorbereitet! Der Spielkamerad meines Sohnes etwa, dessen Eltern sich gerade getrennt hatten, meinte nach dem Fußballtraining: „Bring mich bitte nach Hause." Meine logische Frage war: „Zur Mama oder zum Papa?" Damit brachte ich den Kleinen in eine für ihn unangenehme Situation, die auch mir peinlich war, als ich es bemerkte. Ich gab ihm dann den Rat, in Zukunft einfach zu sagen: „Bitte zur Mama-Wohnung!" oder „Bitte zur Papa-Wohnung!" Dann bleibt die Frage „Was meinst du mit daheim? Zur Mama oder zum Papa?" aus. Und für den Jungen und sein Umfeld ist in dieser Aussage keine Abwertung zu finden. Sein Zuhause ist schließlich bei beiden. Mama und Papa.

Vier Wochen vor Geburtstermin meiner Tochter wurde ich tatsächlich einmal gefragt, ob ich schwanger sei. „Nein, ich hab ein Kalb verdrückt!", war meine gereizte Antwort. Seit ich schwanger war, stelle ich bestimmte Fragen nicht mehr: „Was wird es denn? Wann kommt es denn? Habt ihr schon einen Namen?" Alles gut gemeint. Aber es nervt. Für solche Fälle wäre ein T-Shirt ganz praktisch, auf dem alles Nötige draufsteht: Name (womit meist auch das Geschlecht klar ist), Geburtstermin und Familienstand. Dann wüsste wirklich jeder gleich Bescheid.

Auch dieses saloppe „Und, wie geht's?" ... Was würde passieren, wenn du antwortest: „Total beschissen. Nimmst du dir die Zeit, mit mir darüber zu reden?" Ein ängstliches Gesicht würde es geben – bei deinem überforderten Gegenüber wohlgemerkt. Fazit: Oftmals ist es besser, einfach die Klappe zu halten und nur das zu sagen, was wirklich gemeint ist. Etwa: „Schön, dich zu sehen!" oder: „Gut siehst du aus!" (aber nur wenn es ehrlich gemeint ist). Das ist echt und sympathisch.

EINFACH CHARMANT UND DIREKT

Meine Tochter wurde bei ihrer Einschulung von der damaligen Direktorin persönlich begrüßt. Das Licht strahlte unvorteilhaft auf sie herab und meine Tochter fragte ganz direkt: „Wieso hast du pinke Haare? Es ist doch noch nicht Fasching?" (Ich gebe zu, sie waren einfach nur schlecht in einem fürchterlichen Rot gefärbt).

Ich habe mir abgewöhnt, mich für solche Aussagen meiner Kinder zu entschuldigen. Kinder sind so. Sie sagen, was sie denken. Bei Erwachsenen lässt sich so etwas nicht ganz so leicht entschuldigen.

Unserem Unmut sollten wir allerdings unbedingt freien Lauf lassen. Wenn mein Prosecco keinen Blubber mehr hat, lasse ich ihn zurückgehen. Wenn das Essen lauwarm ist oder die Farbe beim Friseur nicht passt, dann melde ich mich zu Wort. Ich kann dabei schon einmal sehr direkt werden, mit den richtigen Worten und dem richtigen Ton muss das auch gar nicht verletzend sein. Je nach Situation wende ich dabei verschiedene Methoden an und habe festgestellt, dass mit Augenzwinkern und charmanter Ansprache bei männlichem Gegenüber vieles möglich ist.

Ich bin davon überzeugt, dass die meisten Männer, sprich: Partner gerne das Gefühl haben, gebraucht zu werden. Die weibliche Unabhängigkeitserklärung „Schatz, ich habe das

Regal schon aufgebaut" kommt daher nicht immer gut an. „Ich schaffe das auch allein!" ist typisch für Frauen, die besonders stark wirken wollen. Probiere deshalb einfach einmal den Satz: „Ich brauche deine Hilfe" aus. Du wirst sehen, er wirkt Wunder, auch wenn dir diese Verhaltensänderung schwerfällt. Und du schaffst dir Erleichterung durch Hilfe. Männer wollen gebraucht werden und uns tut es nicht weh, manchmal so zu tun, als wären wir ohne sie verloren (auch wenn wir es nicht sind). Ich finde, wir Frauen sind viel talentierter als Männer, was bluffen betrifft. Diese Gabe können wir geschickt einsetzen.

Und wenn ich mich unhöflich angesprochen fühle, dann werde ich umso freundlicher. Das hat eine tolle Wirkung, denn damit rechnet mein Gegenüber nicht. Das tut unheimlich gut und ist befreiend. Vor allem ändert es meist die Situation zu meinem Vorteil. Und mein Gegenüber hat die Chance zu reagieren. Teste es selbst!

Ein Beispiel: Neulich war ich bei meiner Hausärztin, zu der ich seit Jahren ohne Termin zum Blutabnehmen gehe. Es war Montag und das Wartezimmer war voll. Ich hörte, wie sie ihrer Assistentin ihren Unmut mitteilte, was jeder mithören konnte: „Warum sind heute so viele zum Blutabnehmen da? Das passt mir gar nicht." Ich verabschiedete mich kurzerhand – mit dem Resultat, dass mich beide entsetzt und sichtlich irritiert anschauten. „Ich komme dann ein anderes Mal wieder, wenn es besser in den Plan passt" war meine Erklärung. Es dauerte zwei Tage, dann sprach mir die besagte Ärztin sehr lieb auf Band: „Es wäre schön, wenn ich Sie bald wieder bei mir antreffen würde." Geht doch! Sie hat jedenfalls dazugelernt und ich gebe ihr eine zweite Chance. Sei viel öfter direkt, frech und wenn nötig auch ungehalten, wenn dir danach ist. Du brauchst dir nicht alles gefallen zu lassen.

Auch dieses Demütige und Unterwürfige tragen wir oft in uns. Neulich erwischte ich mich dabei, wie ich zu meiner Freundin sagte: „Könnte ich bitte deine schwarze Abendtasche für Samstagabend ausleihen? Aber wirklich nur, wenn es dir nichts ausmacht! Das wäre wirklich großartig von dir." Wenn das meine Freundin umgekehrt zu mir sagen würde, dann würde ich mich wundern, da das völlig selbstverständlich für mich ist. Aber wir sind so erzogen. „Dürfte ich ... Könnte ich ... Wäre es möglich, dass ..." Diese Satzbauten sollten abgeschafft werden. Das gilt im Übrigen auch für Geschäftsbriefe bei Sätzen wie: „Über eine weitere Zusammenarbeit würde ich mich sehr freuen." Umwandeln in: „Über eine weitere Zusammenarbeit freue ich mich!" Das ist klar und deutlich und hat keinen so bittstellenden und unterwürfigen Charakter.

KOMMUNIKATION UND BENEHMEN

Sie bestimmen unser Leben. Gute Kommunikation im Sinne von unmissverständlich, konsequent und klar trägt zum Erfolg bei. Daheim, in deinem Umfeld und beim Job. Schlechte Kommunikation führt zu Falschinterpretation und Fehlinformation. Mir ist zum Beispiel gute Kommunikation auch innerhalb meiner Familie wichtig. Wir reden respektvoll miteinander, niemals abwertend. Natürlich rutscht den Kindern das ein oder andere Schimpfwort heraus. Das ist auch in Ordnung. Aber der gepflegte Umgang miteinander beginnt in der Sprache. Auch bei den Freunden meiner Kinder erwarte ich ein Bitte und ein Danke. Wenn das nicht kommt, fordere ich es ein.

"Die Sprache ist die Quelle aller Mißverständnisse"

(Antoine de Saint-Exupéry)

Das gleiche gilt bei den Tischmanieren. Das ist meinem Mann und mir sehr wichtig. Es ist erschreckend, wie viele Kinder nicht Herr ihres Schnitzels sind – und das in der ersten Klasse des Gymnasiums – oder mit dem Finger die Nudel auf die Gabel legen. Meine Mutter hat schon immer gesagt: Gute Manieren haben nichts mit

Reichtum zu tun. Das kann sich jeder leisten. Es gehört zur Allgemeinbildung. Hast du gute Manieren, kannst du dich auf jedem Parkett bewegen. Das möchte ich auch so meinen Kindern weitergeben. Eine lebenswichtige Investition. Aber natürlich leben die Eltern das auch vor. Wer selbst nicht gelernt hat, das Besteck zu beherrschen, der kann es schlecht weitergeben. Hier gibt es wirklich tolle Kurse für Kinder, sogenannte Etikette-Regeln für Kleine. Auch eine gute Idee, um Kindergeburtstage zu feiern.

KAPITEL 9

WIE DU DEINE EIGENE LEBENS-STRATEGIE ENTWICKELST UND UMSETZT

Jetzt geht es ans Eingemachte. Du hast sehr viele Geschichten gelesen und bereits einige Basiselemente für dich erarbeitet. Deine Rollen sind neu verteilt, deine schönen Momente hast du festgelegt, du weißt, auf was du stolz sein kannst und was dir wichtig ist im Leben. Neue Strukturen im Alltag schaffen Erleichterung und einen Überblick. Du bist organisiert und voller Tatendrang (hoffe ich). Wie du jetzt konkret deine Ziele definierst und umsetzt, erfährst du in diesem Kapitel.

DU FÜHRST DIE REGIE

Auch mir als Coach ist nicht immer nach lösungsorientiertem Denken zumute, aber ich kann gut zuhören und die Menschen schenken mir ihr Vertrauen, weil sie sich bei mir gut aufgehoben fühlen. Deshalb sehe ich diese Begabung als Berufung und habe sie zum Beruf gemacht. Nicht immer handelt es sich jedoch um eine typische Coachingsituation, wenn ich jemandem helfe, einen neuen Lebensweg zu finden. Manchmal schütten mir wildfremde Menschen irgendwo unterwegs, zum Beispiel im Zug oder in einer Bar, ihr Herz aus.

Vor kurzem komme ich mit einer jungen Frau ins Gespräch, nennen wir sie Claudia, die mir erzählt, dass sie Kunstgeschichte studiere und nebenbei als Stewardess eines Privatiers arbeite. Das aber gefalle ihrem Freund gar nicht, da dieser sehr eifersüchtig sei. Sie befinde sich zudem in der Zwickmühle, da sie bald Kinder haben wolle, das bei ihrem Lebenspartner aber noch nicht auf dem Plan stehe.

In kürzester Zeit habe ich alles Mögliche über ihre Persönlichkeitsstruktur und ihre Lebenskonflikte erfahren. Zusammengefasst stellt sich ihre Situation wie folgt dar:

- Claudia und ihr Partner sind mitten im Studium. Die Diplomarbeit steht bei beiden noch bevor.
- Gleichzeitig hat Claudia einen großartigen Job mit optimalen Arbeitsbedingungen und dem Vorteil, dass sie als Stewardess die Welt bereist.
- Ihr Lebenspartner ist eifersüchtig, weil Claudia oft lange weg und ihr Chef wohl auch sehr interessant ist.
- Sie möchte Kinder und am liebsten jetzt schon damit beginnen, da es durchaus sein kann, dass es nicht gleich klappt. Ihr Partner möchte noch keine Kinder, wohl aus Angst vor der Verantwortung und weil er sich dafür auch noch zu jung fühlt. Das Studium soll schließlich erst noch abgeschlossen werden. Verhütungsmethoden sind ein großes Thema, worunter auch die Lust leidet.

Kurzerhand arbeite ich mit ihr auf einer Serviette einen Masterplan aus. Allein mit Hilfe einer gedanklichen Zeitstruktur, verbunden mit konkreten Fragen, wird die Situation für Claudia deutlicher. „Wie lange dauert das Studium noch bei euch beiden? Wie sind die Kündigungsfristen des Arbeitsvertrages? Hast du die Rechte des Mutterschutzes schon geklärt? Wo soll dein neuer Arbeitsplatz sein? Wie lässt sich die Arbeit mit Kindern kombinieren? Was ist der gewünschte Wohnort bzw. Lebensmittelpunkt?"

Diese und noch weitere Fragen und vor allem ihre Antworten darauf haben enorm viel Klarheit gebracht. Das aktive Auseinandersetzen mit ihrer Situation hat eine unheimliche Kraft entfaltet und Claudia kann es kaum erwarten, ihre Zukunft – nach Möglichkeit zusammen mit ihrem Partner – zu strukturieren und Wege dorthin vorzubereiten. Aber auch wenn es zur Trennung kommen sollte, so kommt doch Bewegung in die Sache und das allein bewirkt Veränderung.

„Veränderung ist

der einzige Beweis

für Leben."

(Evelyn Waugh)

KEINE KOMPROMISSE MEHR

Manchmal braucht man aber auch Rat von außen. Eine Seminarteilnehmerin (ich gebe ihr den Namen Britta) zum Beispiel erzählt mir in der Pause, dass ihr Freund sie verlassen habe. „Mein ganzes Leben muss ich neu ausrichten. Ich muss schnellstmöglich eine neue Wohnung finden, auch mein Freundeskreis spaltet sich auf", fügt sie verzweifelt hinzu und beschreibt damit ihre Ist-Situation und den Anlass für die Veränderung.

Nachdem ich mir ihre Geschichte angehört habe, stellen sich bei mir die ersten Fragen ein: „Wann musst du denn die Wohnung verlassen?" *(Zeitrahmen setzen)* „Wie soll deine neue Bleibe aussehen und wo möchtest du leben?" *(klare Vorstellungen schaffen)* „War das der Mann, den du dir als Ehemann vorgestellt hast? Warst du wirklich verliebt in ihn?" *(Emotionen ansprechen)*

Am Ende des zweitägigen Workshops und einiger Nachforschungen meinerseits stellt sich heraus, dass der Typ eigentlich nicht der Hit war, seine Freunde auch nicht. Und eigentlich wollte Britta immer schon in einer Wohngemeinschaft leben. Dort wäre sie nicht allein und in ihrer jetzigen Situation kann sie außerdem nicht so viel für die Miete ausgeben. Also beginnen wir, nach ihren Wunschvorstellungen einen neuen Lebensplan aufzustellen. Britta annonciert in einer Zeitung, dass sie in eine WG in ihrem Lieblingsstadtviertel ziehen möchte. Um ihre freie Zeit sinnvoll zu nutzen, meldet sie sich außerdem in einem Golfclub für die Platzreife an. Das wollte sie schon lange machen, aber ihren Ex-Freund interessierte das nicht. Wie sie mir schon wenig später berichtet, wohnt sie jetzt in einer Altstadtvilla mit sehr netten

Mitbewohnern, mit denen sie auch um die Häuser zieht, lernt auch sonst viele tolle Leute kennen und bekommt keine Langweile, da sie neben dem Golf auch noch Sprachunterricht nimmt. Sie ist täglich gut aufgestellt und die befürchteten „einsamen Stunden" sind ausgeblieben.

Natürlich braucht jede Veränderung ihre Zeit, denn sie ist ein Prozess. Umso wichtiger ist es, die richtigen Fragen zu stellen. Denke genau darüber nach, was du möchtest und was du nicht mehr möchtest und wie du dir deine Zukunft vorstellst. Du hast es in der Hand!

Im Fall, dass der ehemalige Partner der absolute Traummann war, gilt es, die Person aus der Krise zu ziehen, indem man ihr Selbstwertgefühl wieder aufbaut. Existenzangst, Angst vor dem Alleinsein und Liebeskummer lassen einen in ein tiefes Loch fallen und man braucht sehr viel Kraft, um sich wieder herauszuziehen. Also drücke den Resetknopf und gib deinem Leben neue Inhalte und Gedanken. Das ist jetzt sehr plump und einfach gesagt. Aber möglich, indem du dir den Tag so gestaltest, dass du mit schönen Aktivitäten abgelenkt bist. Das hilft sehr gut und ist allemal besser, als allein daheim zu sitzen oder vom Freundeskreis bemitleidet zu werden. Diese Bestätigung gehört zwar auch dazu, aber eben nur dosiert.

Verzweifle nicht, wenn dein Leben gerade nicht rundläuft. Stell dir vor, wie es sein könnte, wenn alles möglich wäre. Und dann beginn mit einem kleinen Schritt in die richtige Richtung, weil DU es kannst.

EINE EINZIGE WORTANZEIGE

Das Leben ist manchmal unfair. Man gerät in Situationen, die man sich vorher niemals hat vorstellen können. Damit meine ich vor allem die menschliche Enttäuschung. So wie es Heike, eine rFreundin meiner Mutter, passiert ist.

Sie lebt schon seit mehreren Jahren zur Miete in der Eigentumswohnung ihrer Schwiegertochter. Als eine erhebliche Mieterhöhung ansteht, kann sie diese finanzielle Last nicht mehr tragen. Ohne Ankündigung wird ihr mit einem unpersönlichen Einschreiben die Wohnung gekündigt, sie muss also mit einer ungewollten Veränderung zurechtkommen.

Ganz abgesehen von der Enttäuschung steht sie auch noch vor der unlösbar scheinenden Aufgabe, in dem Stadtteil, in dem sie seit Jahrzehnten wohnt und viele Freunde hat, eine bezahlbare Mietwohnung zu finden. Das schien unmöglich, auf eine Wohnung fielen rund 50 Interessenten. Sie entschied sich für einen kompletten Schnitt in ihrem Leben. Einen Ortswechsel, nochmals ganz von vorne anfangen. Aber wohin? Sie reflektierte und ging gedanklich bis in ihre Kindheit zurück. Büsum. Hier war sie immer sehr gerne mit ihren Eltern. Immer wieder kommt sie auf diesen Gedanken.

Am Tiefpunkt angekommen nimmt sie all ihre Kraft und ihren Mut zusammen und setzt eine Annonce mit folgendem Inhalt in eine Hamburger Tageszeitung: „Ältere Dame mit Hund sucht eine günstige Unterkunft in Büsum. Ich bin gerne bereit, dafür leichte Arbeiten im Haushalt oder Garten zu übernehmen." Schon nach kürzester Zeit meldet sich ein renommierter Geschäftsmann gleichen Alters bei ihr, der Luxusferienwohnungen vermietet und eine Verwalterin sucht, die die Gäste liebevoll empfängt. Als Gegenleistung erhält sie dort eine kleine Wohnung für wenig Miete.

Die Frau ist überglücklich: Sie hat nicht nur eine neue Wohnung an einem Ort, an den sie sich bereits als Kind hinträumte, sie hat dazu einen neuen Lebenspartner gewonnen, denn aus der anfangs rein beruflichen Beziehung mit ihrem neuen Vermieter ist mittlerweile eine private geworden. Ohne ihren Mut, an die Zeitung zu schreiben, wäre das nie passiert. Du erkennst anhand dieser Geschichte: Traue dich, etwas in deinem Leben zu verändern, denn wie du siehst, kann es so einfach sein!

"Am Ende wird alles gut.

Wenn es nicht gut ist,

ist es noch nicht das Ende."

(Oscar Wilde)

DEINE LEBENSSITUATION

Natürlich ist es wichtig, sich realistische Ziele und Umsetzungspläne vorzunehmen. Eine Mutter mit zwei kleinen Kindern kann nicht einfach allein eine Weltreise machen. Sie sollte besser eine „abgespeckte" Version anstreben. Man muss sich Fragen stellen wie: Was sind meine Möglichkeiten? Was lässt der Job zu? Wo und wie kann ich mehr Zeit herausholen, um meinen Weg zu verfolgen? Welche Kontakte helfen mir dabei? Welche Hürden habe ich zu überwinden? Die bewährtesten Selbstcoachingstools, die ich vorzugsweise bei meinen Seminaren praktiziere, folgen jetzt. Sie sind auf alle Geschichten, die in diesem Buch vorkommen, übertragbar, somit auch auf deine Situation und helfen dir, deinen Weg zu gehen. Wichtig ist, dass du jetzt das Arbeitsblatt „Boxenstopp" herrichtest.

Arbeitsblatt „Boxenstopp"

Viele Lösungen entdeckt man, wenn man sich nur die richtigen Fragen stellt. Setze dir deshalb ein Ziel, halte dir ein klares Bild davon vor Augen und stelle dir folgende Fragen:
· Was würdest du dir wünschen?
· Was sind deine ersten Gedanken dazu und wie fühlt es sich an?
· Was hat dich bisher davon abgehalten, deinen Wunsch zu realisieren?
· Welche Alternativen gibt es?

- Was kann dir im schlimmsten Fall bei der Umsetzung passieren?
- Wie würde sich dein Leben verändern?
- Welche Konsequenz hätte diese Veränderung für das Leben der anderen?
- Welches Risiko bist du bereit zu tragen?
- Was brauchst du zur Umsetzung deines Wunsches bzw. wer kann dir dabei helfen?
- Wie sieht dein Zeitplan aus?

Wenn du bei den vielen möglichen Antworten den Überblick verlierst und dich nicht entscheiden kannst, dann nimm den Alternativenbaum im folgenden Übungsteil zu Hilfe – meiner Meinung nach einer der besten Lösungsfinder überhaupt.

DER OPTIMALE LÖSUNGSFINDER – DER ALTERNATIVENBAUM

Du siehst vor lauter Bäumen keinen Wald mehr? Dann mach diese Übung! Ich praktiziere sie, wenn es um berufliche Veränderungen geht. Sie ist aber auf alle Lebensprojekte und Lebensphasen anwendbar. Wie feiere ich den nächsten Kindergeburtstag? Wohin fahren wir im Urlaub? Wie kann ich meine Partnerschaft auf Vordermann bringen?

Notiere auf dem Arbeitsblatt „Alternativenbaum" alles, was dir zu deiner zu klärenden Situation einfällt. Oder schreibe auf ein großes Blatt Papier das zentrale Thema in die Mitte, etwa „Urlaubsplanung". Ordne als nächstes all deine Notizen an, indem du Äste und Zweige zeichnest und daran die entsprechenden Stichworte anhängst. Für unser Beispielthema könnten einige Äste und die dazugehörigen Zweige folgendermaßen benannt werden:

- Urlaubsziele
  - ans Meer
  - in die Berge
  - an einen See
- Zeiträume
  - Frühling
  - Sommer
  - Herbst
  - Winter
- Unterkünfte
  - Hotel
  - Appartement
  - Campingbus
- Anreisearten
  - Auto
  - Flugzeug
  - Zug
- Begleitungen
  - Freundin
  - Mann und Kinder
  - Eltern
- Urlaubsprogramme
  - Sport
  - Kultur
  - Entspannen

Arbeitsblatt „Alternativenbaum"

Zeichne so viele Zweige, wie du benötigst. Schreibe dann alle Möglichkeiten auf, die sich bieten und dir dazu einfallen.

Es fällt dir nichts mehr dazu ein? Vielleicht helfen dir die folgenden Fragen weiter:

- Was wäre, wenn du genug Geld zum Leben hättest, sprich finanziell unabhängig wärst?
- Was würde deiner besten Freundin dazu einfallen, deinen Eltern, deinen Freunden?
- Was wäre die einfachste Lösung?
- Was wäre die verrückteste Lösung?
- Was würde einem Visionär dazu einfallen?
- Wäre die Situation eine andere, wenn du ein Mann wärst?
- Spielt Zeit eine Rolle, und wenn ja, was wäre, wenn nicht?
- Was würde deinem Kind bzw. einem Kind dazu einfallen?

Vergib anschließend für jeden Zweig bzw. jede Alternative eine Note von 1, wie „sehr gut", bis 10, wie „ganz schlecht" (als Beispiel: Du findest Urlaub mit Begleitung super, dann gib hier eine 1 oder 2. Urlaub alleine fühlt sich nicht gut an, dann vergib hier eine Zahl zwischen 8 und 10). Hör dabei auf dein Gefühl: Stehst du der Alternative eher wohlwollend oder eher ablehnend gegenüber? Die Zahlen können dabei ruhig mehrfach vergeben werden. Sieh dir zum Schluss deine Favoriten (Note 1, 2 und 3) genau an. Kommst du zu einem eindeutigen Ergebnis oder gibt es mehrere Tagessieger und du kannst dich nicht entscheiden? Dann überlege, wie du die Möglichkeiten zusammenfassen kannst. Wenn etwa der Urlaub am Meer oder See sein soll, da beide die gleiche Punktzahl haben, dann nimm vielleicht einfach die günstigere Variante, weil zum Jahresende ein neues Auto fällig ist. Wäge die Möglichkeiten bestmöglich ab.

Auch im Job ist dieses Tool ganz wunderbar anzuwenden, wenn du beispielsweise wieder in den alten Beruf einsteigen möchtest, verbunden mit klaren Befürchtungen in Bezug auf deine Rolle als Mutter. Beispiel: Du möchtest eine Halbtagsstelle, während die Kinder in der Schule oder im Kindergarten sind und eventuell noch ein paar Stunden von zu Hause aus arbeiten. Das wäre optimal. Skizziere alle Möglichkeiten, die dir dazu einfallen. Überlege dir, was dein Chef zulassen würde.

Weg von „Entweder-oder" hin zu „was ist möglich". Also zum Beispiel: Welchen Vorteil hat dein Vorgesetzter, sich auf deine Wunschvariante einzulassen, welche Aufgaben genau könntest du von zu Hause aus erledigen, flexible Arbeitszeiten, statt vier Stunden täglich, zwanzig Stunden in der Woche mit freier Zeiteinteilung und so weiter. Du wirst sehen, es wird dir vieles dazu einfallen. Reflektiere deine Alternativen und benote die einzelnen Punkte. Jede noch so kleine positive Veränderung ist besser als gar keine.

Anderes Beispiel: Eine Frau muss sich rasch entscheiden, ob sie die Stelle als Abteilungsleiterin annehmen will. Sie hat berechtigte Zweifel, da sie zwei kleine Kinder hat. Ich frage sie: „Gibt es etwas dazwischen? Was ist grundsätzlich möglich?" Gibt es den Job zum Beispiel auch als Teilzeitanstellung? Dann lässt sich das mit der Familie gut verbinden. Am Alternativenbaum werden alle Möglichkeiten aufgeführt, einbezogen oder ausgeschlossen. Das Gespräch mit dem Chef wird zeigen, was möglich ist. Wer nicht fragt, der nicht gewinnt!

Wenn du dir jetzt überlegst, wie du diese vielen Ansätze auf deine Lebenssituation übertragen sollst, dann hilft es dir vielleicht, dir folgende Situation vorzustellen:

Du verläufst dich als Europäer in einer Großstadt wie Bangkok. Man hat dir deine Brieftasche mit all deinem Geld und deinen Papieren gestohlen. Außer der Kleidung am Leib hast du nichts mehr. Auch kein Handy. Was würdest du tun? Wie würdest du dich verhalten? Würdest du vielleicht einen Polizisten ansprechen und versuchen, ihm mit Händen und Füßen zu verstehen zu geben, dass du Hilfe benötigst? Oder würdest du einen Taxifahrer dazu bringen, dich zu deiner Botschaft zu fahren? Wer könnte dir jetzt in deiner Situation helfen? Eine Tourismusinformation, wo jemand Englisch spricht? Es gibt viele Wege. Welcher ist der einfachste, welcher bringt dich am schnellsten zum Ziel? Welche Entscheidungskriterien gibt es, an denen du dich orientieren kannst? So ist das auch mit deinem realen Lebensthema.

Wie würdest du dir selbst helfen, mit welchen Ideen, Impulsen und Wegen? Egal um welches Problem es sich handelt – es gibt immer Wege, es zu lösen, also gib nicht auf!

STEP BY STEP

„Das schaffe ich nie", den Gedanken hast du sicher auch oft, wenn dir dein Chef alles abverlangt oder berufliche oder auch private Ziele unerreichbar scheinen. Mein Tipp: die Step-by-Step-Strategie – große Ziele in kleine erreichbare Teilziele umwandeln. Ich zeige dir hier, wie das geht.

Wenn ein Beduinenstamm durch die Wüste reist, werden immer wieder Pausen gemacht, die Kamele werden versorgt, es wird getrunken, gegessen und gerastet. Ein langer Weg wird auf mehrere Tage aufgeteilt, sonst würden Tiere und Menschen bei der Hitze und Trockenheit verdursten. Nutze dieses Bild, um dein Ziel leichter zu erreichen. Übertrage dein Vorhaben auf eine Reise durch die Wüste. Definiere den Ausgangspunkt und das Ziel und füge so viele Zwischenstopps ein, wie du für nötig hältst.

Als Beispiel: Du willst ein Haus bauen und hast genaue Vorstellungen. Das Gespräch mit dem Architekten ist bereits angesetzt. Es soll 200 m² groß sein mit Blick auf die Berge. Welche Schritte liegen dazwischen?

Zuerst müssen die Finanzen geregelt sein. Kläre mit deiner Bank, wie viel Budget dir zur Verfügung steht.

Dann muss ein geeignetes Grundstück gefunden und gekauft werden. Wie viel bleibt dir danach noch für das Haus mit allen Nebenkosten?

Bis wann soll das Haus fertig sein? Wann passt der Plan überhaupt in dein Lebenskonzept?

Auch wenn du deinen Job wechseln willst, ist ein solcher Schritt-für-Schritt-Plan hilfreich, in dem alle wichtigen Punkte enthalten sind. „Ich möchte innerhalb von vier Monaten von heute an, also bis spätestens (genaues Datum einfügen), einen Job gefunden haben, der folgende Kriterien erfüllt: Gehalt höher als (Betrag einsetzen), Aufgabengebiet, Arbeitsort etc." Die Details kannst du mit Hilfe des Alternativenbaums festgelegen. Der nächste Schritt ist, dein Netzwerk zu nutzen und danach Ausschau zu halten, wer entsprechende Kontakte hat. Wie ein Netzwerk funktioniert, habe ich dir in Kapitel 3 gezeigt.

Wenn du dir ein Ziel steckst und die einzelnen Schritte dahin festlegst, bedenke allerdings auch immer, welche Konsequenzen das für dein Umfeld hat. Manchmal ist es sogar besser, die Dinge so zu lassen, wie sie sind und dann man wird erkennen, dass es auch so gut ist.

Bitte neige nicht dazu, zu kompliziert zu denken. Ein ganz einfaches Beispiel das aufzeigt, wie einfach so ein Masterplan sein kann. Mein Sohn ist gerade einmal zehn Jahre. Aber klar, es muss das beste Handy her, denn nur wer cool ist, hat dieses eine! „Dann musst du nach Möglichkeiten suchen, wie du an so ein Handy kommst, denn weder Papa noch ich sind bereit, so ein teures Ding zu kaufen!", war meine Ansage. Wir saßen auf dem Sofa und ich holte einen Block heraus, es folgte das gleiche Abfrageprinzip wie bei Britta im Beispiel, das du schon weiter oben lesen konntest: „Was kostet das besagte Handy, wenn du es gebraucht kaufst? Wie viel bekommst du für dein altes (gerade einmal drei Monate alt) und wer könnte sich dafür interessieren? Wir erstellten eine Zielgruppenliste: Schulkameraden, Freunde, Mütter und schickten eine SMS raus. Das war's. Nach diesem Plan sind wir direkt an die Umsetzung gegangen. Eine Woche später war alles geregelt. Altes Handy verkauft, Taschengeld draufgelegt, gebrauchtes Wunschhandy über Internet vertrauensvoll gekauft. Sohn glücklich. Das praktiziere ich gerne bei meinen Kids: lösungsorientiert denken und handeln. Es gibt ihnen das Gefühl, auch wenn sie kleine Menschen sind, etwas Eigenes auf die Beine gestellt zu haben. Darauf können sie stolz sein. Probiere es aus, macht großen Spaß!

Hast du dich für die Veränderung entschieden, legst allein du die Anzahl der Schritte fest (die Step-by-Step-Methode). Als Beispiel möchte ich eine Mutter aufführen, die in meinem Seminar sehr unglücklich darüber war, dass die Kinder beide jetzt in einer anderen Stadt studieren. Das Haus ist leer und still. Der Mann kommt erst spät von der Arbeit nach Hause. Viele ungute Verhaltensweisen haben sich bei Silvia eingeschlichen wie länger schlafen, mehr essen, Geld ausgeben für Unnötiges und so weiter. Was sie braucht sind klare, neue Strukturen im Alltag. Die überschüssige Zeit, die sie vorher mit den Kindern teilte, gilt es mit neuen Inhalten zu füllen. Gemeinsam haben wir einen Step-by-Step-Plan aufgestellt.

1. Schritt: Welche Hobbies kommen für Silvia in Frage
2. Schritt: Wo kann man diesen nachgehen, zu Hause oder außerhalb und an welchem Tag in der Woche
3. Schritt: Sport. Was macht ihr Spaß, alleine oder in einer Gruppe
4. Schritt: Recherche, wo diese Sportaktivitäten umsetzbar sind
5. Schritt: Gemeinsame Zeit mit ihrem Partner, Ideensammlung
6. Schritt: Urlaubsgestaltung. Was würde sie hier am Liebsten machen und welches Land wollte Silvia schon immer mal sehen
Und so weiter.

Dieses Beispiel ist jetzt sehr vereinfacht dargestellt. Wir haben natürlich viele Gespräche geführt und ich hatte das richtige Gespür für sie. Aber ich denke, du siehst, was ich mit Step-by-Step meine. Nicht immer alles auf einmal wollen, um zu vermeiden, dass du den Überblick verlierst. Der Vorteil dieser kleinen, überschaubaren Zwischenstopps ist, dass das große Ziel nicht mehr unerreichbar scheint. Es stellen sich sehr schnell Erfolgserlebnisse ein, die dich motivieren weiterzumachen.
Probieren wir es aus! Notiere jetzt auf einem Blatt Papier dein Hauptziel (Start) und die einzelnen Teilschritte, z. B. von 1 bis 10. Oder von 1 bis 20 (Schluss). Das entscheidest du.

Zu jedem Schritt gibst du ein Datum an. Nicht "ca. zwei Wochen", sondern ganz exakt einen Tag. Diesen trägst du auch direkt in dein Handy oder Kalender ein. Nur fixierte Termine sind richtige Termine – an die man sich auch hält. Zur Unterstützung dieser Übung habe ich das Arbeitsblatt „Step-by-Step" erstellt. Schließe einfach die Augen und stelle dir vor, welche Teilschritte du brauchst, um ans Ziel zu kommen. Das ist dann dein Plan. Und wenn du allein nicht weiterkommst, dann frage deine Freundin oder eine andere Person.

Arbeitsblatt „Step-By-Step"

Ich bekam zum Beispiel in einem interessanten Gesundheitsvortrag den Hinweis, dass es für den Körper und die Gesundheit unheimlich vorteilhaft ist, ab 17 Uhr nichts mehr zu essen. In meiner Euphorie gelang mir das in der ersten Woche, gefolgt vom großen Frust in der zweiten. Obwohl ich merkte, wie gut es mir tat, schaffte ich es einfach nicht jeden Tag. Vor allem dann, wenn wir eingeladen waren. Daraufhin nahm ich mir vor, wenigstens dreimal pro Woche, bestenfalls viermal, ab 18 Uhr keine Nahrung mehr zu mir zu nehmen, sondern nur noch zu trinken. Ich legte also eine geringere Häufigkeit und eine andere Uhrzeit für mich fest und das funktioniert bis heute ganz wunderbar – und Hungergefühl stellt sich nicht ein. Es macht mich zufrieden und ich fühle mich attraktiver, da ich abgenommen habe. Ein Anti-Aging-Effekt wurde mir auch prophezeit, da der Körper nachts, im Schlaf, zur Ruhe kommt und nicht mehr mit dem Verdauen zu kämpfen hat, was freie Radikale freisetzt. Das ist perfekt und ich bin zudem stolz auf mich, denn ich halte mich ziemlich konsequent an meinen Plan, ohne mich unter Druck setzen zu müssen.

Diese Vorgehensweise ist auf zahlreiche Projekte oder Ziele übertragbar. Viele möchten gerne mehr Sport betreiben und kommen relativ schnell an ihre Grenzen. Also lieber kleine Trainingseinheiten von 20 Minuten alle zwei bis drei Tage ansetzen, anstelle Einheiten von zwei Stunden und das viermal pro Woche. Das überfordert total und lässt dich scheitern.

Bei Diäten gilt das gleiche Prinzip. Ich kenne viele, die zum Sommer hin eine Crashdiät starten, stets schlecht gelaunt sind, schlimmstenfalls gar nicht abnehmen oder eben mit dem bekannten Jo-Jo-Effekt bestraft werden. Beginne deshalb damit, einfach die süßen Getränke wegzulassen. Später erst die geliebte Schokolade. Oder verzichte komplett auf Butter und nimm dafür einen leichten Streichkäse. Und gönn dir nur alle zwei Tage etwas Süßes.

Und bei jedem erreichten Ziel belohne dich selbst. Mit Kleinigkeiten. Was immer dir gut tut!

FEIERE DICH!

Hundebesitzer geben ihren Liebsten ein Leckerchen als Zeichen der Wertschätzung, sobald sie den Anweisungen folgen. „Hast du gut gemacht. Brav!" Und du? Wie oft sagst du dir, dass du etwas gut gemacht hast? Die Redewendung „Eigenlob stinkt" solltest du am besten vergessen, auch wenn dir das als Kind immer wieder gesagt wurde, damit du demütig und bescheiden bleibst. Bei mir war es nicht anders. Wenn ich auf mich stolz hätte sein können, wurde mir von meinen Eltern eingebläut: „Bitte nicht abheben, schön am Boden bleiben." Noch heute kommen Sätze wie: „Hast du das wirklich allein gemacht?" Was zur Folge hat, dass ich stets das Gefühl habe, ihnen etwas beweisen zu müssen, um akzeptiert zu werden. Obwohl das sonst gar nicht meine Art ist.

Eigenlob ist so wichtig und das sage ich auch meinen Kindern. Sie können stolz auf sich sein. Du kannst stolz auf dich sein. Wenn du lernst, die Besonderheiten im Alltag wahrzunehmen und sie zu würdigen, dich zu würdigen, wird deine Lebensfreude mit Sicherheit zunehmen. Feiere dich selbst, ob für kleine oder große Schritte in die gewünschte Richtung. Belohne dich, und zwar ganz ohne schlechtes Gewissen!

DIE DREI-MILLIONEN-EURO-FRAGE

Wenn du schon einmal bei einem Coachingseminar warst oder entsprechende Fachbücher gelesen hast, sind dir diese Tools bekannt. Falls nicht, dann lass dich jetzt in deinen Fantasien fallen. Falls du zu diesen Übungen gerne ein Arbeitsblatt nutzen möchtest: „Drei-Millionen-Euro-Frage" und „Wunschtraum".

Arbeitsblatt „Drei-Millionen-Euro-Frage & Wunschtraum"

Stelle dir vor, du gewinnst tatsächlich im Lotto drei Millionen Euro. Morgen sind sie schon auf deinem Konto. Was würdest du tun? Wie würde sich dein Leben ändern? Welche Konsequenzen zögest du? Eine Schiffsreise machen, den Job kündigen, ein Haus kaufen, deinen Eltern gleich eines dazu.

Wie aber sieht es aus, wenn man sich klarmacht, dass es den Gewinn nicht gibt? Wie kannst du zumindest einen Teil deiner Vorhaben trotzdem realisieren? Brauchst du dafür überhaupt so viel Geld? Und plötzlich stellt man fest: Vieles davon ist auch jetzt schon realisierbar, ganz ohne finanzielle Abhängigkeit. Lass mich hier ausführlicher darauf eingehen. Als ein Beispiel: Wenn ich schreibe, dass ich mit meiner Familie einen großzügigen Urlaub mache und wir in einem großen Haus wohnen, dann erweckt das den Eindruck, dass wir finanziell sehr gut aufgestellt sind. „Wir können es uns leisten." Stimmt, aber ich bin auch geschickt, was das Thema „Ausgaben" betrifft. Ich bin nicht geizig, ganz im Gegenteil. Aber ich kaufe bewusst ein oder habe Ideen, was dann so aussieht: Zweimal im Jahr, wenn Schlussverkauf ist, werden unsere Kinder komplett eingekleidet. Wir sparen enorm viel und haben dennoch wirklich super Klamotten und Schuhe. Und wenn meine Tochter, wie neulich, auf die Idee kommt, sie möchte kein Prinzessinnen-, sondern ein Jugendzimmer, dann „tapeziere" ich den Kleiderschrank (etwa mit Selbstklebefolien), kaufe neue Kissen, eine peppige Überziehdecke für das Bett, eine neue Lampe und neue Poster. Gesamtinvestition: maximal 60 Euro. Du weißt, was ich meine? Kostensparend leben kann jeder und so sind auch wieder finanzielle Ressourcen da.

Kommen wir zurück zum Lottogewinn: Falls du dir Ferientage wirklich absparen musst und als Mutter nicht in der Lage bist, deiner Tochter den Reitunterricht zu bezahlen, dann bist du mit dieser Situation nicht alleine. Es geht vielen Familien so. Wenn dieser Wunsch zum Beispiel bei dir auf deiner Traumliste stünde, dann wäre zu überlegen, ob du dazu wirklich einen Millionengewinn bräuchtest oder einfach nur an anderer Stelle einsparen könntest. Ich weiß, das hört sich profan an. Wenn auf deinem Wunschzettel steht: ein eigenes abgezahltes Haus, dann gehört natürlich sehr viel mehr dazu. Aber mit einer geschickten Finanzierung ist es bestenfalls auch möglich. Ich möchte gerne an dieser Stelle etwas weiter ausholen. Du wirst dann verstehen, was ich meine.

KASSENSTURZ BRINGT KLARHEIT

Weißt du, wie viel Geld du im Monat für den Kauf von Lebensmitteln ausgibst? Für Kinderanziehsachen, Schulbedarf, Auto, Friseur und Kleider? Ich mache gerne einen Finanzcheck, auch, weil ich selbstständig bin und nicht jeden Monat kalkulierbare Aufträge reinflattern. Im ersten Schritt rate ich dir dazu, erst einmal eine grundlegende Bedarfsanalyse zu machen. Am besten fängst du mit einem Kassensturz an.

Das heißt: wirklich alle Kosten, die monatlich und im Jahr anfallen, müssen aufgelistet werden. Nichts darf vergessen werden, auch nicht die Fernseh- oder Müllabfuhrgebühren. Und dann steht sie da, die Ausgabensumme. Für die meisten ernüchternd, was hier alles zusammenkommt. Doch so ein Finanzcheck gibt Klarheit darüber, was das Leben kostet. Setze jetzt bewusst den Rotstift an! Wie viel Geld brauchst du wirklich, um den gewünschten Lebensstandard zu erhalten? Auf welche Positionen kannst du problemlos verzichten, wenn die Einnahmen schwanken? Eventuell bist du Alleinverdienerin, dann ist diese Aufstellung ganz besonders wichtig. Gehe die Ausgabenliste exakt durch und schaue, wo Einsparpotenzial besteht. Könntet ihr auf das zweite Auto verzichten, weniger Urlaub machen, die Reinigungskraft einsparen? Es ist sehr beruhigend festzustellen, dass man auch mit weniger gut zurechtkommt und auf einiges verzichten kann. Mit einer reduzierten Ausgabenliste bist du gewappnet. Solch eine Liste habe ich dir aufgesetzt, die es dann zu vervollständigen gilt (siehe Arbeitsblatt „Finanzstatus").

Arbeitsblatt „Finanzstatus"

EIN WUNDER IST GESCHEHEN

Bleiben wir beim Träumen. Stell dir vor, du wachst am Morgen auf und eine Fee hat dich über Nacht verzaubert. Dein Leben hat sich so verändert, wie du es dir gewünscht hast. Dein Problem hat sich sozusagen in Luft aufgelöst. Es gibt nichts mehr, was dich belastet. Du weißt aber nicht, dass es geschehen ist, das Wunder. Woran würdest du die Veränderung erkennen? Woran würden dein Umfeld, deine Arbeitskollegen, deine Freunde die Veränderung erkennen? Lebe den Tag so, als wäre dieser Zauber geschehen.

In meinen Seminaren halten die meisten bei dieser Übung die Augen geschlossen. Es ist ein Moment der Stille. Jeder ist bei sich. Die Bilderreise beginnt. In Folge schreiben die Kursteilnehmerinnen das Erlebte auf (Arbeitsblatt „Wunschtraum"). Die Gedanken sprudeln, Spannungen lösen sich. Visualisiere deine Situation, drehe einen inneren Film: Wie sieht es aus, wenn du dein Ziel vor Augen hast? Wie fühlt es sich an? Du hast dich mit deiner Mutter oder Freundin ausgesöhnt, bist mit deinem Partner wieder glücklich. Wie fühlt sich eine Trennung an? Was empfindest du? Tauche gedanklich ein in die Situation. Das kannst du ganz allein tun. So bekommst du auch deine Intuition wieder, das sogenannte Bauchgefühl, das jeder von uns in sich trägt und das der beste Ratgeber ist.

Das folgende Fragentool ist auch spannend (Arbeitsblatt „Fragen") und zeigt in meinen Seminaren große Wirkung. Die Fragen sind auf jede Situation und jeden Anlass übertragbar. Richte Sie stets auf dich und dein Thema aus.

Arbeitsblatt „Fragen"

- „Was müsste passieren, damit es dir noch schlechter ginge?"

Bei dieser Frage wird es still im Raum. Die Teilnehmerinnen überlegen, gehen in sich. Und beim Aufzählen und Nachdenken kommt der Wendeeffekt, dass du deine eigene Situation gar nicht mehr so schlimm siehst.

- „Welchen Grund hast du, an deiner Beziehung oder Situation – Job, Freunde, Partner, Wohnung, Stadt etc. – festzuhalten und welchen Grund hast du zu gehen?"
- „Was hat dich davon abgehalten, früher zu gehen, die Situation zu ändern?"

- „Welchen Vorteil oder gar Nutzen hat deine jetzige Situation?"
- „Was würdest du verlieren oder vermissen, wenn ab sofort dein Problem nicht mehr da wäre?"
- „Wie hast du schon einmal ein ähnliches Problem gelöst und wer oder was hat dir dabei geholfen?"

Und zum Schluss stelle dir selbst sieben Fragen, auf die du gerne eine Antwort hättest. Ganz intuitiv, ohne lange nachzudenken.

KAPITEL 10

MIT MUT, HOFFNUNG UND ZUVERSICHT ZUM ERFOLG

Du wirst sehen, es ist manchmal schwierig, seine Ziele nicht aus den Augen zu verlieren. Aber ich kann dich nur ermutigen, in dich hinein zu hören, was der Geist und das Empfinden sagt und vor allem davon überzeugt zu sein, dass du es schaffst, egal ob beruflich oder privat. Mut zu finden, ins kalte Wasser zu springen, sich zu trauen, zu riskieren, neue Wege zu gehen und nicht aufzugeben, auch wenn manche Kurskorrekturen notwendig sind. Das wünsche ich mir für viele Menschen, die mit sich und ihrem Leben hadern. Ich lebe das, was ich lehre. Ich erkenne Chancen und nutze sie. Ich habe mir mein Leben so eingerichtet, dass es zu meiner Familie und mir passt. Ich arbeite so viel, wie es die Kinder zulassen. Mein Mann unterstützt mich dabei und ich ihn, so dass wir uns auf Augenhöhe und mit Respekt begegnen. Meine täglichen Begleiter sind Demut und Dankbarkeit für das, was ich habe und mir geschaffen habe.

Ich weiß, ich bin in einer privilegierten Situation, vor allem habe ich einen Partner, der mich unterstützt. Aber ich habe auch meinen Teil dazu beigetragen, dass es so ist. „Nicht jammern, sondern ändern." Das ist mein Lebensmotto. Diesen „Chancenblick" besitzt jeder, auch du!

ENGELCHEN UND TEUFELCHEN

Wer kennt sie nicht, die zwei? Seit Ewigkeiten lautet das Ziel, zwei Kilo abzunehmen. Morgen fängst du an, ganz bestimmt. Und dann kommt da die Geburtstagsgrillparty dazwischen. Das Engelchen sagt: „Sei vernünftig und zieh es durch. Wenn du hingehst, dann bleib standhaft." Ja und dann stehst du da, vor den Würstchen und Salaten. Und das Teufelchen sagt: „Ist doch wurst *(im wahrsten Sinne des Wortes)*, ob du einen Tag früher oder später anfängst. Lass es dir heute noch mal richtig schmecken." Jetzt heißt es, innere Stärke zu beweisen, was gar nicht so leicht ist.

In vielen Situationen sitzen die beiden gleichzeitig auf den Schultern. Engelchen: „Rede jetzt mit deinem Chef und es wird dir danach besser gehen." Teufelchen: „Nein, warte noch ab. Heute scheint er nicht so gut drauf zu sein. Ein Tag früher oder später ist auch schon egal." Und so zieht sich das Gerangel der zwei weiter hin. Aber wie bekommt man das in den Griff? Das Ziel muss so attraktiv sein, dass dich nichts mehr aus dem Konzept bringen kann! Denke bei der Diät an die tollen Sommerröcke, die du dann wieder tragen kannst. Verbunden mit dem Gedanken, dich nach dem Verlust der besagten zwei Kilo zu belohnen und zum Beispiel shoppen zu gehen, ist es ein reizvolles Ziel. Oder nimm es als Ansporn, dass du deinen Sommerurlaub schon fix einplanen kannst, wenn du endlich eine Gehaltserhöhung bekommst. Diesmal statt in einem Drei-Sterne- sogar in einem Vier-Sterne-Hotel. Das hat was. Also setze dir Anreize, die die Verlockung zunichtemachen!

Du hast in deinem Leben schon viele Ziele erreicht, wetten?
(Arbeitsblatt „Erreichte Ziele").

Das wichtigste: Wenn du dir ein Ziel gesetzt hast, dann bleib dran. Auch wenn es mal nach oben und dann wieder nach unten geht. Das gehört dazu. Solange du es nicht probiert hast, in die eine Richtung zu gehen, weißt du auch nicht, ob du es jemals geschafft hättest. Erspare dir die Frage: „Was wäre wenn, ...?" Aber auch Scheitern gehört dazu und das ist keine Schande. Wenn du aufhören willst, denke daran, warum du angefangen hast. Das Leben hat keine Regeln. Wenn man es selbst nicht erfahren hat, kann man dem Satz „Krisen können auch eine Chance sein", nicht wirklich viel abgewinnen. Aber ich spreche aus Erfahrung, wie diese Geschichten beweisen.

AM SEIDENEN FADEN

Als bei meinem Mann zufällig entdeckt wurde, dass er lebensbedrohliche Herzrhythmusstörungen hat, war ich gerade hochschwanger mit unserer Tochter. Mehrmals in der Woche kamen Sanitäter zu uns nach Hause. Es folgten zahlreiche Operationen, allerdings ohne Erfolg. Ich hatte in Österreich mit allen bekannten Kardiologen Kontakt, die auf schwere Fälle spezialisiert waren. In zahlreichen Briefen und Telefongesprächen berichtete ich über den Zustand meines Mannes, in der Hoffnung, endlich einen Experten zu finden, der uns helfen könnte. Aber die Medizin in Österreich war einfach noch nicht so weit. Die Situation belastete uns sehr, wir waren erschöpft und voller Angst. Man wünscht sich einfach nur das alte Leben zurück.

Es war unter der Woche, als der Rettungshubschrauber nicht weit weg von unserem Haus landete – mein Mann wurde direkt ins Krankenhaus geflogen. Es war ein Horror. Während ich in der Nacht verzweifelt im Warteraum saß, hörte ich, wie ein betreuender Arzt zu einem Kollegen sagte, dass es für meinen Mann nur einen Spezialisten gebe: Professor Dr. Karl-Heinz Kuck in Hamburg. Übrigens der Arzt, der auch den ehemaligen deutschen Bundeskanzler Helmut Schmidt zuletzt operiert hatte. Damit war mir klar: Diesen Mann brauchen wir und sonst keinen. Einfacher gesagt als getan. Denn Dr. Kuck war mehr in den USA unterwegs als in Deutschland.

Meine Eltern erzählten mir am Rande von meiner Cousine, die mit ihrem Mann in Hamburg eine kardiologische Praxis betreibt. Mehr als 30 Jahre hatten wir keinen Kontakt mehr gehabt. Ich rief sie an und erzählte ihr unsere Geschichte. Wie es der Zufall so wollte, arbeitete ihr Mann mit der Hamburger Klinik zusammen und konnte einen Termin für uns arrangieren. Nicht sofort – wir waren auf Abruf. Doch endlich gab es Hoffnung! Wir sammelten wieder Kräfte. Es galt auch zu klären, wie wir die enormen Kosten tragen könnten. Aber alles ist machbar. Zur Not hätten wir auch das Haus verkauft. Es ging um nichts anderes mehr als ums Überleben.

Und wir schafften es. Die OP verlief gut. Meinem Mann wurde zum Schutz ein Defibrillator implantiert. Seither hat er keine Probleme mehr. Wie geht er jetzt mit dieser Situation um? Er nimmt sie an und macht das Beste daraus. Früher war er Extremsportler, aber es gibt immer noch einiges an sportlichen Aktivitäten, die machbar sind. Er stellte sein Leben um, wir – die Familie – auch. Wenn es um so eine bedrohliche Angst geht, wird man sehr demütig und nimmt das Leben nicht mehr als selbstverständlich. Der Nutzen, den wir daraus gezogen haben, ist mehrfach. Wir haben gemeinsam gekämpft und es geschafft. Wir genießen das Miteinander in der Familie und schätzen die Tage ganz besonders. Wir leisten uns mehr als zuvor, ganz nach dem Motto

„Dann wird das Haus eben erst zwei Jahre später abbezahlt sein".
Von Menschen, die auf hohem Niveau jammern, haben wir uns
distanziert. Und meine wiedergefundene Cousine ist ein ganz
wichtiger Mensch für mich geworden. Ich bin sehr froh, dass ich
sie habe.

ES GEHT IMMER NOCH SCHLIMMER

Insgesamt hatte ich zwei Fehlgeburten. Die erste war ziemlich
spät. In der 18. Woche. Ich war allein in München und noch nicht
verheiratet. Zu diesem Zeitpunkt war mir nicht bewusst, dass
statistisch gesehen jede zweite Frau einen Abgang hat. Ich stellte
fest, dass das ein Tabuthema ist. Natürlich versucht man, sich daran zu halten, erst ab dem dritten Monat darüber zu sprechen und
so lange ein Geheimnis daraus zu machen. Aber das entsprach
nicht meinem Naturell. Ich brüllte meine Freude laut hinaus, sodass es alle hören konnten. Warum sollte auch gerade bei mir
etwas schiefgehen. Tja, und dann war es da, das Ultraschallbild
ohne Herzton. Ich war wie im Leerlauf.

In meiner Verzweiflung ging ich in eine große Bücherei in
München. Ich suchte zahlreiche Bücher für Inneneinrichtung zusammen und setzte mich auf die Couch. Um mich abzulenken,
begann ich, unser Haus, in das wir bald einziehen würden, gedanklich einzurichten. Ich durchstöberte alle Bücher und machte
Fotos mit dem Handy. Plötzlich setzte sich eine hochschwangere
Frau neben mich. Super. Genau das konnte ich jetzt gebrauchen.
Gerade erst hatte ich mein Kind verloren. Mir wurde heiß und
kalt gleichzeitig. Sie war etwa in meinem Alter und bemerkte
mich. Sie sprach mich sehr freundlich an. Ihr Name war Luna.
Natürlich kam das Gespräch auf die bevorstehende Geburt.
Sie erzählte, dass sie zwei Totgeburten gehabt und es jetzt endlich
geschafft hatte. Bei mir löste das eine unglaubliche Erleichterung
aus.

Bis zum heutigen Tag habe ich diese Begegnung nicht vergessen. Ich glaube, Luna war mir geschickt worden. Denn das, was diese Frau erlebt hatte, war wirklich furchtbar. Meine eigene Geschichte kam mir auf einmal geradezu unbedeutend vor. Ich sammelte wieder Kraft und freute mich auf die Zukunft. Dass es auch beim zweiten Mal nicht klappte, war dadurch besser zu verkraften. Zumindest wusste ich, ich kann schwanger werden. Das war tröstlich. Und aller guten Dinge sind schließlich drei ...

EIN GELEBTER TRAUM

Ein Paradebeispiel für jemanden, der seinen Traum lebte, ist mein Vater. In den 70er-Jahren war seine Arbeit von Erfolg gekrönt. Großes Haus, eigenes Privatflugzeug, mein Bruder und ich hatten mehrere Au-pair-Mädchen, nur große Autos vor der Tür, rauschende Feste, tolle Reisen. Er war zu dieser Zeit der größte Schwimmbeckenhersteller deutschlandweit und durch und durch ein Visionär. Mehr als 20 Patente laufen bis heute auf ihn. So entwarf er zum Beispiel das größte Schwimmbecken der Welt aus einem Guss (wie eine Backform). Damals eine Sensation. Sogar die Tagesschau berichtete darüber. Dann kam überraschend die große Ölkrise von 1973 und zahlreiche Aufträge wurden über Nacht storniert. Damals zählte noch das Handschlag-Prinzip. Anzahlungen gab es nur minimale. Wir verloren alles. Mein Vater konnte nie wieder richtig Fuß fassen. Meine Mutter ging arbeiten, manchmal zwei Jobs auf einmal. Das ging über Jahre hinweg. In dieser Lebenskrise kam mein Vater 1984 mit über 60 Jahren auf die Idee, ein Flugzeug zu bauen. Kein normales, kein Baukastensystem. Nein, eines, das die Welt noch nicht gesehen hat. Sein Name ist „Comet Sappho B + MS 80". Es ist einem Kolibri mit der inzwischen veralteten französischen Bezeichnung „Comète sapho" nachempfunden, der aussieht, als hätte er vier Flügel, da er einen ungewöhnlich breiten gegabelten Schwanzfächer hat.

Mein Vater konnte ihn bei einer Expedition im Amazonasgebiet beobachten. Als passionierter Pilot verwirklichte er sich den Traum, ein Experimentalflugzeug zu bauen, das die besten Eigenschaften der über 50 Flugzeugtypen, die er geflogen hatte, vereint. Dieses Projekt wurde vom ehemaligen Flugzeughersteller Dornier begleitet. Die Firma dokumentierte und analysierte alle Bauschritte, Technik und Verarbeitung waren mit strengsten Auflagen versehen.

Die Comet Sappho, rechts mein Vater und links mein Bruder.

Während seine Schulfreunde im Sommer am See lagen, war mein Bruder damit beschäftigt, meinem Vater zu helfen. Auch ich half etliche Stunden aus und meine Mutter polsterte das Cockpit. Mein Vater wendete mehr als 15.000 Arbeitsstunden für seinen Traum auf. Laut Berechnung von Dornier war die „Comet Sappho" damals das schnellste und sparsamste Flugzeug der Welt und zudem das einzige selbstkonzipierte Langstreckenflugzeug Deutschlands. 1991 dann der erste Testflug. Allein der Mut, in ein selbst gebasteltes Flugzeug zu steigen und loszufliegen, ist schon enorm. Die Geschichte endete damit, dass mein Vater schließlich mit weit über 70 Jahren sein geliebtes Flugzeug nicht mehr fliegen konnte, weil seine Sehkraft nachließ. Außerdem fand sich kein Käufer, da es sich um einen Experimentalflieger handelte, also ein Flugzeug, das noch keine offizielle Zulassung hatte. Ganz abgesehen davon, wie viel in dieses Projekt investiert worden war und wie viel Zeit die ganze Familie dafür geopfert hatte, also eine herbe Enttäuschung.

Bis heute ist die „Comet Sappho" für mich das schönste Flugzeug der Welt. Mit viel Liebe zum Detail und Fantasie. So ist der Steuerknüppel ein Papageienkopf mit Augen aus Diamanten. Ein echtes Schmuckstuck, auf Ausstellungen und Vernissagen als Kunstobjekt herumgereicht.

Ich war damals noch zu jung, um einen Sponsor zu suchen oder die Vermarktung zu übernehmen und mein Vater ist mehr Künstler als Unternehmer. Also stand sie da in ihrer Schönheit oder besser gesagt „lag sie". In unzählige Einzelteile zerlegt, verpackt und über viele Jahre auf einem Hänger gelagert. Das belastete die ganze Familie sehr. Im Jahr 2010 sah ich es als meine Aufgabe an, Seelenfrieden zu schaffen und mich der Sache anzunehmen. Es musste eine Lösung her.

Gedanklich ging ich viele Ideen durch. Wer könnte mit der Maschine etwas anfangen? Es müsste jemand sein, der wie mein Vater ein Visionär ist und für seinen Traum lebt. Und dann fiel mir der Red-Bull-Chef Dietrich Mateschitz ein. Er ist auch flugzeugbegeistert, wie der Hangar-7 in Salzburg zeigt, und ein Paradebeispiel dafür, dass es keine Grenzen gibt, wenn man seine Träume verwirklichen will. Ich schrieb ihm also einen Brief und nach nur wenigen Tagen kam tatsächlich der Anruf. Das Interesse war da und ein Besichtigungstermin wurde vereinbart. Hannes Arch (Weltmeister der

Red Bull Air Race Series 2008) und der Geschäftsführer des Hangar-7 kamen ganz spektakulär mit einer offenen Rennmaschine angeflogen.

Mein Bruder und ich bauten die Comet Sappho dazu am Vortag auf und richteten sie optisch ansprechend her. Schon der erste Blick überzeugte und wir bekamen die Zusage, sie als festen Bestandteil im Hangar-7 als Ausstellungsstück präsentieren zu dürfen. Mittlerweile hängt das Flugzeug im Technik Museum Speyer in Deutschland von der Decke und Menschen von überall her können sie bestaunen. Bei meiner Familie ist Ruhe eingekehrt und alle sind zufrieden. Und ich fühle mich gut, weil ich es geschafft habe, das für meinen Vater möglich zu machen.

Wie man an dieser Geschichte so eindrucksvoll sieht, gibt es immer Wege und Lösungen. „Wer nicht wagt, der nicht gewinnt!" Wenn du etwas nicht ausprobierst, kannst du nicht wissen, ob es klappt. Vertrauen und Hoffnung sind dabei eng verbunden. Selbst wenn das Konzept nicht so aufgeht, wie man sich das gewünscht hat, kann man stolz darauf sein, dass man es probiert hat. Es braucht bei jeder Veränderung oder Zielumsetzung auch Mut zu scheitern. Wir verdienen leider kein Geld mit dem Flugzeug. Aber es hängt als prachtvolles Ausstellungsstück in einem sehr anerkannten Museum. Es wird von zahlreichen Besuchern bestaunt, zumindest eine kleine Wertschätzung.

„Wer aufhört zu träumen,
der hört auf zu leben."

SO MÖCHTE ICH IN ZEHN JAHREN LEBEN!

Es gibt leider keinen fertigen Lebensplan zum Thema „Wo will ich in zehn Jahren stehen?". Das Leben verläuft nicht immer wie geplant. Aber die Situation, in der du dich jetzt und heute befindest, kannst du beeinflussen und dich zum Beispiel morgen für einen Tanzkurs anmelden oder dich auf die Suche nach einer größeren Wohnung machen. Träumen darf man immer: von der Ferienwohnung im Süden, der Harley Davidson, der Kleidergröße 38 und dem perfekten Partner. Behalte das im Blick und kreiere deine eigene „Wunschlebenslandkarte" für den Zeitpunkt in zehn Jahren mit Zeitungsausschnitten, Zitaten und Fotos. Das Leben steckt voller Glücksperspektiven. Und wenn sich nur eine davon umsetzen lässt, hast du bereits gewonnen.

„Die Erweiterung deiner Fähigkeiten
ist immer ein Zugewinn an Freiheit und Lebensfreude.
Was du lernen willst, entscheidest du,
in unserer westlichen Welt steht dir alles offen."

ZU GUTER LETZT

Gratulation! Wir sind am Ende des Buches angekommen.

Das Leben kann wunderbar sein und schwierige Zeiten sind einfacher zu bewältigen, wenn man das Prinzip des Wohlfühlens an sich selbst gut geübt hat und hilfreiche Tools kennt, um es sich leichter zu machen. Selbstreflexion ist nicht immer einfach. Aber ich beglückwünsche dich dazu, dass du dich darauf eingelassen hast. Das ist bereits der erste Schritt zu einer gewollten Veränderung! Verliere nicht die Geduld mit dir, wenn du mal vom Weg abkommst. Das passiert auch mir. Mein Mann pflegt dann zu sagen: „Miss Coach, dass müsstest du aber wissen!" Ja, aber ich bin nicht perfekt. Möchte ich auch gar nicht sein. Doch ich habe Mechanismen für mich gefunden, wie ich wieder in die Spur komme und das ist sehr hilfreich und spornt mich immer wieder aufs Neue an. Wenn ich mir selbst vertraue, vertrauen mir auch andere.

Auch wenn es dir schwerfällt, dich für eine Strategie zu entscheiden oder dir manche Übung noch zu abstrakt ist. Starte solange nochmals von Kapitel zu Kapitel durch, bis dir die Ausrichtung klar ist. Wie gesagt, schon eine kleine Veränderung kann viel Gutes bewirken. Es ist besser, mit wenigen Ansprüchen zu starten, als mit zu vielen. Nicht jedes Selbstmanagementtool, das hier aufgeführt ist, eignet sich für dich. Probiere einfach aus, was am besten zu dir passt. Die vielen Arbeitsblätter sollen dich dabei unterstützen. Lege für sie eine eigene Mappe mit einem eigenen Titel an. Das ist deine Basismappe. Die Leerseiten am Ende sind dafür da, das Buch mit aktuellen Inhalten am Leben zu halten. Du kannst jeden Gedanken festhalten.

Den Weg für sich und für ein besseres Leben zu finden, ist absolut individuell. Die Schritte dahin umzusetzen, das schaffst nur du allein. Die Kraft und der Wille kommen aus dir heraus. Auch eine Kursänderung und Korrekturen auf deinem Weg sind legitim, denn es handelt sich um einen Prozess. Wie sagte Giacomo Casanova so schön: „Jemand, der keine Fehler macht, macht vermutlich überhaupt nichts."

Bei all deinen Veränderungsplänen wünsche ich dir von Herzen viel Freude, Durchhaltevermögen und Erfolg!

Solltest du noch Fragen, Wünsche oder Anregungen haben, freue ich mich sehr über dein Feedback. Einsendung an: info@katharinahoferschillen.com.

Mit ganz herzlichen Grüßen
deine Katharina

KAPITEL 11

SUMMA SUMMARUM

In Kapitel 2 hast du auf einen Blick deine Lebensbereiche festgelegt und vielleicht Defizite erkannt. Den perfekten Tag haben wir kreiert und wie du damit deine Lebenswerte findest, die du als Bestandteil all deiner Veränderungen berücksichtigen solltest. Denn nur dann kannst du erfolgreich sein: wenn du nach deinen Werten lebst. In fünf Schritten verpasst du dir in Kapitel 3 ein Update mit klaren Strukturen, Zeitmanagement und aktiven Netzwerken, verbunden mit alten Erinnerungen, die dir gut tun und Lebensfreude bringen. Wie du dein Gleichgewicht im Leben besser halten kannst, ist in Kapitel 4 mit entsprechenden Erfahrungsberichten hinterlegt. Wie du das Leben wieder spürst, Selbstreflexion lernst und zu neuen Ideen kommst, hast du in Kapitel 5 erfahren, um in Kapitel 6 deine Außenwirkung zu hinterfragen. Das Thema Glück und Glückskomponenten beschreibt Kapitel 7.

Hier hast du dir Gedanken darüber gemacht, was dir im Leben wirklich wichtig ist, deine wesentlichen Dinge herausgearbeitet. Dich klar zu positionieren – direkt und ohne Scham – macht Spaß und bringt dich weiter. Was damit gemeint ist und wie du es für dich umsetzen kannst, hast du ausführlich in Kapitel 8 mitbekommen. Das Kapitel 9 hat es in sich. Hier bist du gefordert, deine Ziele und Umsetzungsmöglichkeiten zu definieren und festzulegen. Es gibt verschiedene Möglichkeiten, Veränderungen durchzuziehen. Sicher hast du hier Selbstmanagementtools für dich gefunden. Das letzte Kapitel soll dir Antrieb geben, denn Veränderung kostet Kraft und Durchhaltevermögen. Als Motivator habe ich dir dazu Beispiele aufgeführt. Denn der Weg ist nicht immer ein leichter, aber wenn du ihn nicht gehst, wirst du auch nicht herausfinden, ob es der richtige ist.

KURZÜBERBLICK:

- Vereinbare deine Termine bei Arzt, Kosmetiker, Friseur, Steuerberater, Versicherungsberater, Bankberater (eben was dir wichtig erscheint). Trage diese fix in dein Kalendersystem oder Handy ein. Nur ein eingetragener Termin ist ein richtiger!
- Die Termine fixierst du in deinem Wochenkalender. Starte organisiert in die Woche.
- Was wirst du ausmisten und bis wann? (Zeitplan anlegen)
- Plane einen Kassensturz ein!
- Lege eine Liste mit deinen „schönen Momenten" an und nutze sie!
- Welche Personen oder Einrichtungen könnten dir helfen, deinen Alltag mit den Kindern besser zu bewältigen?
- Wo kannst du dir als Mutter selbst Druck rausnehmen und Klischees verlassen?
- Richte dir einen festen Tag im Monat ein, der nur dir oder dir und deinem Partner bzw. deiner besten Freundin zusteht. Welcher Tag ist das?

Du möchtest als Mutter wieder stundenweise arbeiten? Mache dir eine Liste mit allen Möglichkeiten, die du hast (verfügbare Arbeitszeiten, Talent und Interesse, wer übernimmt Kinderbetreuung, Netzwerkkontakte etc., siehe „Mein Masterplan"). Und achte dabei auf deine Lebenswerte, die du dir hier erarbeitet hast. Deine Kinder sind aus dem Haus und du brauchst neue Lebensinhalte? Notiere alles, was dir Spaß macht und du in deiner neu gewonnen Zeit gerne machen möchtest. Von wieder arbeiten bis hin zur Freizeitgestaltung. Und dann setze den Plan um nach den Methoden „ Alternativenbaum" oder „Step-by-Step". Auch hier ist dein Wertesystem immer zu berücksichtigen. Es gehört zu deinem Leben.

Nicht vergessen: Belohne dich!

Wohlfühlrad

Mein perfekter Tag

Meine Werte

Stundenplan/Wochenplan

Meine Rollen

Rollentausch

Netzwerkliste

Entspannungsquickies

Termine fixieren

Verrücktes tun

Motivationstext

Imposante Persönlichkeiten

20 Dinge, auf die ich stolz bin

Buchstaben

Meine Glücksparameter

Boxenstopp

Alternativenbaum

Step-by-Step

Drei-Millionen-Euro-Frage & Wunschtraum

Finanzstatus

Fragen

Erreichte Ziele

An meinen Ehemann, der mich so liebt, wie ich bin, und meine Kinder, die mich jeden Tag lehren, wie leicht das Leben sein kann, wenn man es mit Kinderaugen sieht. An meine Eltern, die einen bodenständigen Menschen aus mir gemacht und immer an mich geglaubt haben. Papa, du bist für mich ein Visionär, Lebenskünstler und Poet. Danke, dass du nie aufgehört hast zu träumen! Danke, Mama, dass du diese Seiten meines Vaters mitgetragen hast. Du hast mir gezeigt, wie Familienzusammenhalt funktioniert! Ein Dank an meinen Bruder, auf den ich mich immer verlassen kann.

Danke Dana für deine Stimme und Ermutigung, das Leben selbst in die Hand zu nehmen. Du bist ein Vorbild für viele Mütter. Danke an all meine wichtigen Wegbegleiter, Freunde, Unterstützer und Mentoren, die mich protegiert und geprägt haben. Ohne euch wäre ich nicht da, wo ich bin.

Katharina Hofer-Schillen hat ihr Leben vor mehr als 15 Jahren auf den Kopf gestellt, als sie ihren Job als Pressesprecherin bei der ProSiebenSat. 1 Media AG in München kündigte und der Liebe wegen nach Kärnten in eine Kleinstadt zog. Die gebürtige Freiburgerin hat sich ihr eigenes Business aufgebaut und leitet seit 2002 erfolgreich eine PR-Agentur. Sie ist Autorin, Erfolgstrainerin und Mutter von zwei Kindern. Als zertifizierter Coach gibt sie Seminare im Bereich Personality, Kommunikation und Business.

Besonders am Herzen liegt ihr die „Work Life Balance für Mamis". Katharina Hofer-Schillen ist authentisch, sie lebt ihre Berufung, indem sie Frauen ermutigt und inspiriert , neue Wege zu gehen. „Lebe, wer du bist", ist bei ihr Programm und: „Nicht jammern, sondern ändern!"

PLATZ FÜR NOTIZEN